W0266252

LA MUJER DEL HÉROE

CONSUELO ALCALÁ

LA MUJER DEL HÉROE

Con la colaboración de Gaspar Sánchez

temas'de hoy.

Primera edición: septiembre de 2005
Segunda impresión: septiembre de 2005
Tercera impresión: septiembre de 2005
Cuarta impresión: octubre de 2005
Quinta impresión: octubre de 2005

Fotografías de interior: cortesía de la autora

Ninguna parte de esta publicación, incluido el diseño de la cubierta, puede ser reproducida, almacenada o transmitida en manera alguna ni por ningún medio, ya sea electrónico, químico, óptico, de grabación o de fotocopia, sin permiso previo del editor. Todos los derechos reservados.

© Consuelo Alcalá Rubio, 2005
© Gaspar Sánchez Salas, 2005
© Mafo Plata, 2005, por la edición
© Bernabé Tierno, 2005, por el epílogo
© María Quintana, 2005, por la carta de las pp. 219-221
© Ediciones Temas de Hoy, S.A. (T.H.), 2005
Paseo de Recoletos, 4. 28001 Madrid
www.temasdehoy.es
ISBN: 84-8460-460-8
Depósito legal: M. 42.220-2005
Compuesto en J.A. Diseño Editorial, S.L.
Impreso en Artes Gráficas Huertas, S.A.

Printed in Spain-Impreso en España

ÍNDICE

Como no creo en la muerte, dedico las páginas de este libro a mi padre, Pedro Alcalá, y a mi abuelo, Víctor Rubio Chávarri, agradeciéndoles que con su ética, su moral, su hombría y su sabiduría me hayan servido de pilares, y aún hoy me sigan sirviendo, para soportar y superar los avatares de mi vida.

A mis hijos, María Gabriela, Jaime y Manuela, a quienes bendigo con todo mi amor.

A mis nietos, Víctor y Sol, el regalo más grande que Dios me ha dado.

A mi familia paterna y materna, agradeciendo haber nacido en su seno.

A ti, Gaspar, por haberme comprendido y haber llevado este libro a donde era mi deseo.

Y a todos mis amigos, quienes me han ayudado.

CONSUELO ALCALÁ

A Narciso, Adela, María y Pablo, amigos entrañables que me han hecho volver a creer en el concepto de AMISTAD. Adela, gracias por ser tan buena compañera.

A Eli, Agustín y Elisita, a quienes quiero como si fueran de mi propia familia. Eli, tus inquietudes y preparación me han sorprendido muy gratamente. Sigue siempre adelante. Gracias por todo.

A Paco Antonio, M.ª Ángeles y sus hijos, por quienes siento un inmenso cariño. Paco Antonio, me siento un privilegiado por tenerte como amigo y haber sido tu compañero.

A mi abogado y amigo Santiago. Santi, gracias por tu amistad, tus inquietudes y tu profesionalidad. Espero que sigamos encontrando a Sócrates en las páginas de este libro.

GASPAR SÁNCHEZ

AGRADECIMIENTOS

En primer lugar, nuestro más sincero y profundo agradecimiento a Bernabé Tierno, uno de los más grandes y reconocidos psicólogos dentro y fuera de nuestras fronteras —quien ha tenido la inmensa amabilidad y gentileza de escribir el epílogo para el presente libro—, para que sus enseñanzas sirvan como mecanismo de superación y autoayuda a aquellos lectores que así lo necesiten. También a Jesús Rodríguez, el entrañable amigo que hizo de puente necesario para que tanto Consuelo como un servidor seamos hoy excelentes compañeros de trayecto en este viaje que llamamos vida. De igual forma, nuestro agradecimiento al periodista, escritor y amigo Antonio Moneo, quien no dudó en poner a nuestra entera disposición su abundante archivo personal, de suma importancia para nosotros, y quien siempre estuvo dispuesto a ayudarnos aportando cualquier dato preciso en el momento necesario. Gracias igualmente a ti, Teresa, porque pocas personas quedan ya de tu talla, eres digna de total admiración por estar siempre al pie del cañón desde ese maravilloso restaurante San Marco de Sevilla; a Carmiña y Antonio, por su perenne sonrisa y amistad más que demostrada; a las personas que estuvieron al lado de Consuelo en la época que le tocó vivir, con especial mención a Carmen Rendón; a los vecinos de Barreira de Tarás, que tanto nos ayudaron en nuestra estancia por tierras gallegas, con especial mención para Tita; a Geli y a Adela, por su excepcional trato hacia nosotros; a Pilar Beltrán, para quien va nuestro abrazo más cálido; y en general, para todos nuestros amigos, quienes siempre nos han mostrado su mejor gesto, su más brillante sonrisa y nos han animado dándonos cariñosamente la oportuna palmadita que necesitábamos en cada momento concreto para que lo que había nacido como un mero proyecto futuro anclara en el buen puerto del presente.

PREFACIO DE CONSUELO ALCALÁ

No todo el mundo es capaz de enfrentarse con sus propios fantasmas. Yo pensaba que aquella amarga etapa de mi vida la tenía ya superada, pero en realidad nunca se supera del todo. Releyendo el texto que hemos ido elaborando durante casi un año Gaspar y yo, me he dado cuenta de que no me ha sido fácil dejar aparcados los malos recuerdos y que los mismos afloran a cada instante y que me siguen dañando las entrañas. Confieso que he sentido la necesidad de llorar amargamente cuando he revivido episodios que siguen estando ahí presentes en algún lugar, aunque gracias a la ayuda de grandes profesionales como el gran psicólogo y amigo Bernabé Tierno, los voy superando cada vez más. Bernabé hablaba no hace mucho en una conferencia que dio en Valladolid, y a la que tuve el gusto y el honor de asistir, sobre la catarsis de la mujer maltratada. Mi catarsis ha sido, querido lector, en buena parte, este libro, creo que lo leerás varias veces a lo largo y ancho de estas páginas, pero he de insistir en ello. Un libro que le brindo a toda aquella mujer que necesite sentirse arropada por la experiencia de alguien que ha luchado por encima de todas las cosas por ser ella misma, un libro que he sentido la implacable necesidad de escribir. Su elaboración me ha servido para hablar largo y tendido con Gaspar, una especie de catalizador entre mis confesiones y el papel, y entre los dos hemos ido poniendo cada cosa en su justo lugar. El hecho de ir viendo fechas e ir recogiendo algunos datos precisos me ha servido también para ponerme en contacto con otras personas que ya hacía tiempo que no veía y que fueron quienes de verdad me arroparon en tiempos difíciles, brindándome el apoyo psicológico que necesité. Este libro ha servido asimismo para descargarme de la energía negativa que aún encerraba entre mis venas, y para ser escuchada y entendida, ¡cuántas veces he pedido al cielo ser escuchada y entendida!... Pero no tendría ningún sentido que hiciera este libro si no tuviera la pretensión de acercarme a ti, lector, a través de mi experiencia, para ayudarte con ella, para intentar que tus ojos se abran, para que sepas que somos muchos los que te arropamos, si es que te encuentras en esta misma circunstancia, que no estás solo y que obtendrás la solidaridad de muchas personas que han sido maltratadas como tú lo has sido o lo estás siendo. Creo sinceramente que sólo por eso habrá valido la pena la empresa emprendida. El hecho de haber reflexionado sobre mi vida y de haber compartido mi experiencia con personas de mi entorno me ha hecho llegar a conclusiones que quisiera lanzar hasta ti, mujer maltratada, y verás como pronto encontrarás la solución más adecuada para tu caso, porque nadie merece estar sometida a NADIE.

Mi vida, como descubrirás, no ha sido nada fácil. Mi vida hasta que me casé por primera vez fue maravillosa; quise a mi padre y a mi abuelo como a mi propio ser, me sentí protegida por ellos; sin embargo, a mis dieciséis años comenzó mi tormento personal y empecé a sufrir esos continuos malos tratos. Antiguamente las mujeres nos encontrábamos desprotegidas, el sistema dominante que imperaba en nuestra sociedad era de sumisión, para una mujer que estuviera en mis mismas circunstancias abandonar el seno familiar o denunciar al marido era caer en desgracia dentro del sistema. Con semejante panorama yo estuve obligada a aceptar los malos tratos, las vejaciones y los abusos, ¿y qué otra cosa podía hacer? Cuando vi la película *Te doy mis ojos* (que recomiendo a toda mujer maltratada), me sentí identificada con Pilar, la protagonista. Tuvieron que pasar nueve años para que Pilar tomara la decisión de su vida, lo mismo que me ocurrió a mí, nueve años, ni uno más... ni uno menos. Yo nunca me reconocí como víctima, hasta que pasó el tiempo y pude mirar desde otra perspectiva. Tengo que confesar que me obligaron a minimizar en aquel tiempo la situación por la que pasaba, yo tenía que autoconcienciarme de que aquella violencia pertenecía a algo cotidiano, que era algo normal que se producía en cualquier familia española, aunque cuando miraba hacia mi propio seno familiar veía que aquello era algo que no se había producido nunca, y fue entonces cuando empecé a comparar y a pretender obtener respuestas a por qué yo estaba pasando por ese lamentable trance. Perdoné aquella primera bofetada que cuento en mi libro, me enseñaron siempre a perdonar, pero quiero decirle al lector que cuando una mujer perdona ese primer puñetazo o el primer insulto, se entra en una complicada espiral de la que cada día es más difícil salir. Ahora, transcurrido el tiempo, me he ido dando cuenta de los mecanismos que utilizó mi agresor para evitar que pudiera rebelarme. Primero quiso fascinarme para anular mi capacidad defensiva. Luego estableció los patrones y repartió los roles sin que yo me diera cuenta, en parte por mi juventud, y en parte por la simple aceptación inconsciente de la sociedad machista en que vivía. Quiso empequeñecerme con sus constantes insultos, por supuesto que empleó primero el maltrato psicológico, y al mismo tiempo, cuando me veía sometida, él se iba haciendo más y más fuerte. Sí, amigos lectores, el maltrato siempre empieza así, con la falta de respeto. Mi maltratador se burlaba de mí, me mentía y me insultaba. Me hirió la autoestima, como cuento a lo largo del libro, y comencé a creerme que no servía para nada. Llegué incluso a plantearme que yo y sólo yo era la verdadera culpable de la ira de mi agresor, y cuando él no estaba, mi cabeza intentaba buscar soluciones para no contrariarlo, para no molestarlo, para impedir esto y lo otro... ¡pero todo le molestaba, todo!, ¡nada servía porque yo no tenía la culpa! De esto me he dado cuenta mucho después, pero quiero que la persona que lea estas líneas, si se siente en mi misma circunstancia, intente, por favor, poner solución por todos los medios a su alcance, ¡tú jamás tienes la culpa de nada!, y quiero evitar que caigas en lo que los expertos llaman el «síndrome de la indefensión aprendida», que consiste ni más ni menos en que acabas entrando en una fase de inmovilidad, te conviertes en algo invisible para tu maltratador. Pero esto tampoco te salva, ni mucho menos, porque un maltratador no necesita argumentos para maltratar, lo hace y punto.

También viví otra fase, la que los psicológicos llaman «la luna de miel del maltratador», en la que parece que todo se arregla, tu agresor pasa por una etapa fantástica de cordialidad y buenos propósitos proyectados hacia el futuro, incluso vuelve a las caricias, hace que te confíes, que albergues en tu interior la esperanza de un cambio inminente, incluso se arrepiente delante de ti, te pone la mirada como perdida, le falta arrodillarse, y una va y le da otra oportunidad. Todo está estudiado por tu agresor, absolutamente todo, pues la historia volverá a comenzar, volverán los malos tratos y volverán la desesperanza y la angustia. Tendrás que hacer lo que tu agresor quiera. Si él está contento y tú no, deberás sonreír pues él te exige el estado de ánimo que él quiera que tengas, olvidando que eres persona y que tienes tus propios sentimientos. Mi opinión jamás fue tenida en cuenta, nunca fui escuchada, me llegué a sentir un simple felpudo que podía pisar todo el mundo. Parece que una tuviera la culpa de todo lo que ocurre, aunque no sea así. Te trata como a una niña pequeña, como una persona sin capacidad de discernir, y te exige que seas poco menos que vidente, que adivines sus pensamientos, que sepas lo que él quiere... Ya veis, queridos lectores, el maltrato lo podemos recibir todos, absolutamente todos podemos ser maltratados en potencia, aquí no vale que pertenezcas a familias acomodadas, como era mi caso, o a familias más desfavorecidas, nada tiene que ver el estatus. Ningún comportamiento justifica la violencia, no ha de valernos eso que se dice de «algo habrá hecho para que le peguen». Dejaremos de ser víctimas cuando recobremos la confianza en nosotras mismas, cuando nos sintamos persona y cuando nos valoremos de nuevo a nosotras mismas. Por favor, si tu caso es el que fue mi caso, deja atrás el miedo, que terminen los lapsus y las humillaciones, ¡basta ya! Dejarás de ser víctima cuando recuperes la salud y el equilibrio, cuando vuelvas a tener a tu familia, a tus vecinos, a tus amigos... Sé que es fácil decirlo, no olvides que yo he pasado por eso mismo y basta echar la vista atrás para saber que no es nada fácil ponerlo en práctica.

PREFACIO
DE GASPAR SÁNCHEZ

La mujer del héroe nace como el fruto de una estrecha convivencia entre una mujer —no muy bien tratada por la vida— y un servidor. Yo no conocía personalmente a María Consuelo Alcalá Rubio, pero sí había visto alguna comparecencia suya a través de un medio de masas como más que nunca es actualmente la televisión. Fue nuestro amigo en común, Jesús Rodríguez, quien con no poco acierto nos puso en contacto para llevar a cabo este proyecto felizmente convertido hoy en una realidad para el lector. Consuelo Alcalá —primera mujer del torero Jaime Ostos— retomaba la palestra de la fama atribuyendo a su ex marido una paternidad, después de que su hija, María Gabriela, hubiera hecho lo propio meses antes: la paternidad de una niña llamada Gisela, cuya madre, Aurora Díaz, afirmaba por activa y por pasiva que el progenitor de la criatura no fue otro que el propio torero mencionado. A raíz de ahí, de pretender esclarecer el hecho, se han ido sucediendo en torno al mismo una serie de acontecimientos realmente inverosímiles que no han supuesto sino un enturbiamiento de esa lucha real hacia el encuentro de la verdad. Estos acontecimientos, que a su vez han derivado en una suerte de cruzada televisiva hacia nuestra protagonista, han hecho que se fuera desempolvando el baúl de unos no siempre gratos recuerdos alusivos al pasado de esta mujer de mirada limpia, transparente y cristalina, de Consuelo Alcalá. Uno de ellos —el de los fuertes malos tratos que la misma recibió por parte del torero que rehúye hacerse las pruebas de ADN— es el que aflorará a través de las páginas de este libro, ya que, sin duda ninguna, se trata del motivo principal que ha movido a Consuelo Alcalá a desnudar su alma ante el lector, y lo hace no sólo como mera catarsis personal —que lo es—, sino como firme propósito al mismo tiempo de que sirva de ayuda para quienes se sientan o hayan sentido en una situación semejante: «Quisiera dar un mensaje de igualdad y solidaridad a todo ser humano que haya pasado por mi misma experiencia. Mi pretensión es que la gente capte ese mensaje que quiero ofrecer en este libro y que sirva de autoayuda; con una sola persona que se pueda beneficiar de esta experiencia que quiero relatar, ya doy por bien empleado mi testimonio». Un libro, bien es verdad, en donde Consuelo nos relata su vida como necesario desahogo del espíritu, y lo lleva a cabo a través de arraigados recuerdos que en ocasiones le han dañado fuertemente el ánima, pero que en otras, sin embargo, no son sino el resultado de impagables vivencias, de momentos sublimes de su más que interesante existencia, en donde un cúmulo de sensaciones —expresadas a veces con inevitables brillos ópticos— le ha servido como bagaje indiscutible para poder subsistir y al mismo tiempo para poderse reafirmar a sí misma en tanto que mujer y persona a quien asisten legítimos derechos. Desde el mismo instante en que nos conocimos —en ese nuestro primer encuentro sevillano del 21 de abril de 2004— me di cuenta de que Consuelo es una mujer que no sólo sabe lo que dice, sino que sabe cómo transmitirlo, haciendo llegar hasta cualquier interlocutor un preciso pensamiento, un bonito recuerdo... todo, expresado al milímetro, con la precisión de quien ha ido absorbiendo la sabiduría impagable regalada y relegada por sus dos máximos héroes, sus héroes por excelencia: su padre y su abuelo, referencias obligadas en cada una de sus conversaciones, en cada perfecta elaboración del sustancioso «trazo fónico» en el que se sustrae inevitablemente una enseñanza, una vivencia: «La figura de mi padre y la de mi abuelo han sido definitivas en mi vida, para poder sobrevivir a lo que, después de tantos años de haber tenido una infancia feliz, me sobrevino». Pero ¿qué sería aquello que sobrevino a esta señora de semejante talante, extremada cultura y educación exquisita? Ella quiso encontrar en su orfandad las figuras de su padre y de su abuelo proyectadas en otro hombre, su otro «héroe»: el torero Jaime Ostos. Consuelo buscaría en Jaime una especie de referencia obligada, una persona mayor y madura que tuviera el ánimo y la disposición de acogerla, mimarla, quererla... y algo tan sencillo como respetarla en sus principios de mujer enamorada y luchadora. Pero la realidad la hizo despertar de sus sueños de mujer encantada, y lo que es peor, la sumió en su más trágica pesadilla, de la que no pudo deshacerse hasta nueve años después de un penoso matrimonio en donde afloraron continuas malas experiencias de reiterados malos tratos, engaños e infidelidades.

El día 3 de agosto tomamos un avión desde el aeropuerto de Madrid-Barajas rumbo a Santiago de Compostela y llegamos a Barreira de Tarás, lugar donde decidimos ubicar nuestro refugio para escribir el presente libro, sumidos en una necesaria convivencia. Sin dudarlo, una vez terminada nuestra estancia en Galicia, me puse manos a la obra haciendo mi particular investigación. Confieso que me eché a temblar cuando finalmente Consuelo pudo ir hablando sobre algunos de estos aspectos no sin ayuda psicológica y comencé a saber de primera mano realmente todo cuanto ocurrió en aquel matrimonio que jamás debió haberse consumado.

En definitiva, este libro habría de verse por parte del lector como el portador de un mensaje de superación, la superación de una mujer que ahora continúa su lucha para socorrer a los demás como directora de una asociación, Profilium Nacional, desde la que pretende lograr que esos más de dos millones de personas que existen en nuestro país y que desconocen quiénes son sus progenitores sepan cuáles son sus verdaderos orígenes. En tal caso se encuentra no sólo Gisela —a quien ya nos hemos referido y de quien volveremos hablar más tarde—, sino otros hijos de padres tan relevantes y destacados también como el torero El Cordobés o el humorista Gila, y muchos más hijos de personas anónimas que encuentran en Consuelo la ayuda y el apoyo que emana de su propio nombre.

Alguien dijo que lo que no mata fortalece, y Consuelo es hoy precisamente eso, una mujer fortalecida a pesar de haber sufrido y aguantado hasta límites insospechados.

Capítulo I

MI MUNDO DE SENSACIONES

UNA BODA MULTITUDINARIA

El 21 de octubre de 1960 los diarios recogían una noticia: «Se produce la botadura del primer submarino nuclear de la armada británica». Sin embargo, en España otro acontecimiento eclipsaba totalmente todos los demás hechos producidos en el terreno tanto nacional como internacional: la multitudinaria boda del torero Jaime Ostos conmigo, María Consuelo Alcalá Rubio. La ceremonia se produjo a pesar del percance que él tuvo el 7 de julio —Feria de San Fermín— en Pamplona; una fuerte conmoción cerebral, una importante herida en la ceja, múltiples contusiones por todo el cuerpo y una probable fractura del costal derecho. Todo ello de pronóstico reservado. Como alguien dijo —y tengo que darle la razón—, los toreros están hechos de otra madera. Por eso, para la boda Jaime ya se había recuperado cuando decidió dar el «sí, quiero» delante de la Macarena de Sevilla, una fórmula afirmativa que también pronunciaría yo sin pensarlo dos veces, aunque al día de hoy —ya ha llovido un poco— recuerdo aquel acontecimiento envuelto en una extraña nebulosa. La verdad es que he querido olvidarlo todo, incluso la boda, a pesar de haber sido un día felicísimo por aquel entonces. Pensé que aquel hombre zalamero y detallista, aquel hombre con tanta aparente solidez, que había sido capaz de insistirme tanto para llevarme hasta el altar, después me seguiría queriendo, pero desde luego me equivoqué.

A las 12.00 horas exactamente, tuvo lugar el acontecimiento en medio de un gran fervor popular y con muy mal tiempo. Llovió tanto que las ranas saltaban en las cunetas. Mil quinientos invitados asistieron a la iglesia, y evidentemente no cupieron. Jaime me estaba esperando sin aparente signo de nerviosismo mientras que las campanas de la Macarena tañían en su segundo aviso con especial sonido, sonido de enlace, sonido de boda, la más esperada por los españoles en una España dictatorial en que pocos alicientes más que los toros y el fútbol entretenían a las masas; un torero famoso y yo, una joven mujer sevillana. Jaime vestía de rigurosa etiqueta campera: un sombrero cordobés con cinta negra, un elegante traje corto negro de gala que realzaba su figura de matador bien proporcionado por la constante, dura y estricta preparación, la chaquetilla con abotonadura de a cuatro distribuida a ambos lados de la misma, bolsillo estrecho en donde inconscientemente él metía el pulgar a lo largo de toda la ceremonia, mientras miraba mi cara, la cara de la que iba a ser su desposada. Yo lucía, por mi parte, un sencillo pero hermoso vestido diseñado por un importante modisto madrileño, sin apenas barroquismo y que costó más de cien mil pesetas de la época. Sobre la cabeza llevaba un velo larguísimo aferrado a un moño alto con raya en medio e iba sólo sutilmente maquillada. Los padrinos del enlace fueron doña Josefa Carmona, madre de Jaime, una mujer realmente extraordinaria, y don Víctor Rubio Chávarri, mi abuelo, que iba pletórico, recuerdo muy bien su cara, con su expresión lo decía todo. Don Antonio Rueda —presidente de la Audiencia de Sevilla— fue testigo de la ceremonia civil. Don Antonio era muy amigo de mi abuelo Víctor y tío de Jaime. En la invitación se precisaba: «Las señoras han de ir vestidas de mantilla y los señores de chaqué». Cuando llegué a la iglesia, recuerdo que en un llamativo coche blanco, acompañada de mi padrino, la multitud se agolpaba para verme. «¡Guapa!», era uno de los piropos que me gritaban con gran fervor popular. Otras señoras eran más directas, «¡viva la madre que te parió!». En aquellos momentos yo intentaba sonreír, miraba a la multitud y saludaba, estaba un poco nerviosa, me parecía todo muy espectacular, contemplar a toda aquella gente que había alrededor, y que habían ido hasta allí sólo para verme. Bajé del coche y unos guardias intentaron abrirnos paso, la gente se agolpaba por la curiosidad de vernos, la verdad es que fue todo un acontecimiento social. Todas las crónicas de sociedad, sin excepción, recogieron la noticia, las revistas de la época reflejaron el acontecimiento como algo especial y esperado, decenas de fotógrafos de todos los medios del país quisieron inmortalizar el evento. A pesar del clima, en el momento en que salimos del coche, el sol brilló, afortunadamente.

Mi corazón latía fuertemente por aquel hombre a quien llegué a amar con todas mis fuerzas y que me estaba esperando frente al altar. Caminé unos cuantos pasos torpes entre la multitud pues era constantemente interrumpida por los asistentes y sentía mi rostro iluminado por los múltiples *flashes* de las decenas de cámaras de los reporteros. Por todas partes oía que me pedían: «¡A ver, Consuelo, mira aquí!», «¡Por favor, Consuelo!», «¡Sólo una foto más!», «¡Consuelo!», «¡María Consuelo!», «¡María Consuelo...!». Una vez atravesada la verja que daba acceso al templo donde iba a ser desposada y cogida del brazo de mi abuelo, el torero Luis Miguel Dominguín me arrebató literalmente al padrino y ofreció darme su brazo en actitud de gracia y espontaneidad juvenil. Lo inesperado de la situación acabó arrancándome una sonrisa de par en par, sonrisa que hasta ese momento no se había dibujado aún, tal vez porque estaba echando en falta en ese importantísimo momento de mi vida al más importante de mis pilares: mi padre. En lo que a él respecta, mi abuelo Víctor, fiel al protocolo y guardando estricta formalidad ante la gracia de Luis Miguel Dominguín, se mantuvo dos pasos por detrás esperando que el torero finalizara su actuación. Pero tan sólo algunos segundos después, mi abuelo volvía a ocupar su sitio al lado mío. Una vez dentro pude ver que allí se encontraba Jaime —quien momentos antes había estado posando para algún reportero gráfico cogido del cuello por el torero Sánchez Mejías— junto a su radiante madre, que no dejó de sonreír durante todo el acto religioso. «Estás guapísima», me dijo unos minutos antes de que me convirtiera en su nuera. Yo no dudé en sonreírle y en agradecerle el cumplido mientras bajaba la mirada. Jaime —con mucho detenimiento— no dejaba de observarme durante el transcurso de la ceremonia, me estudiaba de arriba abajo, miraba mi cintura, mi cara, y nuestras miradas se encontraban cada vez que me decidía a levantar la cara. En realidad yo no había dejado de ser una joven colegiala y aquella experiencia me estaba produciendo demasiado respeto, incluso miedo, aunque en mi fuero interno necesitaba creer que aquel guapo hombre que tenía a mi diestra me iba a querer y a respetar. Existe una foto tomada por la agencia de noticias Europa Press en donde se nos ve a Jaime y a mí en ese preciso instante, en pleno enlace. Él está con las manos cruzadas mirando fijamente al sacerdote que nos casó —don Manuel Pavón—, yo estoy con el gesto serio, agarrando el ramo bajo y haciendo lo mismo. El padrino de boda nos mira a ambos y un monaguillo se vuelve observando el objetivo fotográfico que captó la imagen. La agencia titulaba el acontecimiento «La boda de Jaime Ostos» y a continuación precisaba: «Ante la Virgen de la Macarena de Sevilla contrajeron matrimonio el famoso matador de toros Jaime Ostos y la señorita cordobesa María Consuelo Alcalá Rubio. Una boda elegante a la que asistieron distinguidas personalidades de toda España, así como toreros, periodistas, aristócratas y ganaderos».

Terminada la ceremonia nos dirigimos, en un llamativo coche propiedad de Jaime, hasta Pino Montano, finca que pertenecía a su apoderado, Ignacio Sánchez Mejías —hijo del mítico torero Sánchez Mejías, a quien Lorca dedicó su elegía—, en donde tendría lugar la celebración del banquete. Jaime, entonces, se desabrochó el primer botón de su camisa, se colocó bien el sombrero cordobés con su mano derecha, en cuyo dedo anular ya lucía el anillo de recién casado, y, callado, me miró como si quisiera decirme muchas cosas. Yo me entretuve saludando a la multitud que se agolpaba por la ventanilla del coche. Una vez que llegamos hasta la finca, las ruedas del coche patinaron en el barrizal, y el chófer intentó buscar el mejor sitio donde poder apearnos.

Recuerdo una escena preciosa: Jaime totalmente incorporado ya fuera del vehículo y yo aún dentro del mismo, la puerta abierta para dejarme salir, yo, recién casada, miro sonriente al suelo mientras él me hace un bonito gesto pellizcándome suavemente la cara, con delicadeza. Fue su primera muestra de amor después del enlace. Luego se irían sucediendo otras tantas. Me tomó en brazos, me levantó, ante la mirada expectante de la multitud, yo le sonreí, algún fotógrafo inmortalizó la escena para la posteridad. Sin duda se trató de un día feliz para ambos. Jaime se deshacía en atenciones hacia mí, ahora convertida en su mujer. En otra foto tomada en la finca de Pino Montano, Jaime me tiene agarrada de la mano al lado de Sánchez Mejías mientras intentamos que mi vestido no se manche en el barrizal. Allí, en la placita de toros de la finca, se colocaron mesas, sillas y todas las instalaciones necesarias para la fiesta, que costó una fortuna para la época y que, al igual que mi vestido de novia, fue totalmente pagada por mí, porque para entonces ya había recibido la herencia de mi padre. El banquete fue servido por Pedro Torres, dueño del hotel Colón de Sevilla y del restaurante El Burladero. Los invitados fueron «personajes de mucho rumbo», como acertó en decir algún semanario de la época. Asistieron todos vestidos con sus mejores galas. Entre ellos estaban los marqueses de Villaverde, Orson Welles —quien me regaló una bonita caja de plata que aún conservo—, Lauren Bacall, Deborah Kerr y compañeros de profesión de Jaime, el ya anteriormente aludido Luis Miguel Dominguín, Victoriano Valencia, Pérez Tabernero, Ángel de Andrés, Fermín Bohórquez... Tras el banquete comenzó una fiesta por todo lo alto. Hubo atractivos cuadros flamencos, todos los artistas de la provincia de Sevilla y limítrofes se encontraban allí. Fueron tres las orquestas que amenizaron la celebración, entre las que destacó Orfeo Negro, aprovechando que andaba por esa época recorriendo España. Luego, tras la música, se soltaron becerros para que fueran lidiados por algunos de los invitados, claro está, por los toreros. Luis Miguel, ataviado con levita y monóculo, no dudó en enfrentarse al toro. Sánchez Mejías hizo lo propio banderilleando a caballo, Fermín Bohórquez rejoneó como nunca y el único que se mantuvo sólo como espectador fue Victoriano Valencia, pues tenía una fractura de muñeca. También, ¡cómo no!, salió al ruedo Jaime y mató al novillo que le fue destinado, dedicándome un brindis: «¡Va por ti, amor mío!», y luego me lanzó el sombrero cordobés. Todo resultó espectacularmente maravilloso en aquella tarde, fue una boda medida hasta el último detalle donde no sólo se casaron dos almas que se creían, o al menos lo creía yo, hechas la una para la otra, sino que se unieron igualmente el folclore de la fiesta con la música y el romanticismo.

La noche dio lugar al baile, un baile lleno de la elegancia propia de una boda de postín. Jaime y yo nos habíamos cambiado el atuendo. Yo había elegido un maravilloso vestido que iba en consonancia con el llamativo traje y la corbata que lucía Jaime. Cuando finalizó la actuación orquestal, sobre las siete de la mañana, se sirvieron churros para todos los invitados, aunque para entonces Jaime y yo nos habíamos retirado ya. Sin duda, aquélla fue una hermosa noche, en la que la elegancia y la música marcaron nuestro baile acompasado, haciendo que fuéramos el centro de todas las miradas. Pero, como si del cuento de la Cenicienta se tratara, justo en el momento de retirarnos se produjo un acontecimiento que iba a presagiar todo lo que sería mi vida al lado de Jaime. El mismo día de nuestra boda, cuando quise encender un cigarrillo delante de mi vanagloriado marido —Jaime sabía perfectamente que yo fumaba, incluso cuando éramos novios me regalaba tabaco de Canarias—, él me dejó muy claro los roles de cada cual dentro de nuestra apenas estrenada situación conyugal, decidiendo autoritariamente cuál habría de ser mi conducta a partir del momento de convertirme en su esposa: «Ese cigarro lo tiras, porque tú no has fumado nunca... ¿entendido?». A partir de ahí comenzó una escalonada sucesión de mandatos y de ultrajes y una repentina y absoluta pérdida de respeto hacia mí, la mujer con la que acababa de casarse. Jaime, el torero ahora convertido en mi marido, empezó a ejercer el papel del varón dominante, y comenzó a poner en práctica una serie de imposiciones y normas de conducta que tenía y tiene sustentadas sobre la mal concebida base de que la mujer es un ser inferior, un ser a quien no debe darse ningún valor, especialmente cuando, como en aquel momento, se había convertido en «algo» de su propiedad por medio del matrimonio. Me tuve que hacer a la idea, no ya de que a partir de entonces jamás volvería a fumar, que en realidad era lo de menos, sino de que antes tampoco lo había hecho. La verdad es que hoy, analizando desde la distancia aquella actitud de Jaime, pienso que me debería haber vuelto para mi casa en ese mismo instante, pues aquello daba comienzo a una historia de ninguneo y despersonalización que no era más que el inicio de unos malos tratos psicológicos que después llevan a todo lo demás.

Nuestra luna de miel y la primera bofetada

Las paredes del parador de la Arruzafa de Córdoba fueron testigos mudos de aquella noche de bodas en que —tuvo que ser en la ciudad de la Mezquita— di mi tesoro más preciado a Marte, «dios de la guerra», antes de dejarme desvanecer en los brazos de Morfeo. Al despertar, estaba dispuesta a disfrutar de mi nuevo estado, quería que mi amor hacia aquel torero quedara para siempre inmortalizado en la conciencia de ambos a través de las caricias mutuas, de los bellos susurros, de las palabras bonitas de algún filme, «dime que me quieres, aunque me engañes». Yo necesitaba amar, simplemente amar y ser correspondida a través de la protección, sentirme protegida en medio de un mundo de espinos que iban cobrando forma y tomando vida por momentos para atacar mi impoluta sensibilidad de esposa enamorada, yo era una mujer que estaba preparada, por mi educación, para dar sin tener que esperar nunca nada a cambio. Recibir para mí suponía simplemente un mero detalle que de tarde en tarde podría producirse casi por añadidura, pero sin que ello supusiera una obligación para mi esposo, para nuestra relación, que se suponía habría de ser estable. Los detalles siempre eran materiales, como cabría esperar, coches descapotables, relojes de grandes firmas... pero yo necesitaba otro tipo de detalles que Jaime no era capaz de captar, ni de ofrecer. Yo era una mujer capacitada para amar con el propio corazón, habiéndome entregado en cuerpo y alma al hombre que creí era el de mi vida; era una mujer que en mi fuero interno esperaba alcanzar la felicidad, quizá una felicidad muy particular, pero la mía al fin y al cabo. Con un simple beso, con una simple mirada de complicidad, con una simple caricia, hubiera quedado más que satisfecha. Sin embargo, a medida que pasaban las horas, a medida que la tierra giraba en sus movimientos temporales, iba echando en falta esa necesaria complicidad de dos que habían jurado su amor eterno ante Dios.

Partimos de viaje por toda Europa. Yo intentaba disfrutar de cada momento junto a mi esposo, vivía cada instante con la ilusión de una niña que idealizaba cada situación, buscaba la mirada cómplice de Jaime para hacerlo partícipe de mis vivencias, pero él me evadía. Todos esos maravillosos detalles que había tenido conmigo durante el noviazgo estaban empezando a atenuarse, todo el entusiasmo que me había demostrado por nuestro matrimonio pronto parecía estar llegando a su ocaso. Esto hizo que me fuera sumiendo en una gran tristeza a medida que comenzaba a comprender aquella situación: me sentía una simple propiedad del «torero de moda», que, una vez conseguida, había dejado de tener interés para él. Por más regalos que me hiciese Jaime no tenía ya conmigo la misma ternura que demostró unos meses antes. La verdad es que yo no quería regalos, mi necesidad era otra bien distinta.

Aquel viaje por Europa —Suiza, Alemania, la Riviera francesa...— terminó en la capital del amor, en París. La conocida actriz Annette Stromber y su marido por entonces, el director de cine Roger Vadim, primer esposo de Brigitte Bardot, fueron unos de tantos relevantes personajes que nos recibieron y acompañaron por los sitios de moda de la ciudad. Algunos años antes, se había comentado por Sevilla que Brigitte Bardot había tenido un *affaire* e incluso ciertos coqueteos con aquel torero de renombre cuando estuvo rodando una película en la ciudad hispalense. Lo cierto es que el famoso torero de Écija había conseguido enamorar a más de una mujer antes de conocerme, claro. Su fama de conquistador le precedía, incluso la Stromber, en mi propia presencia, se echó en los brazos de Jaime en cuanto lo vio. En realidad se le echaban todas en los brazos, y Annette Stromber también lo hizo sin ningún pudor. Yo me quedaba muerta, pero no tenía más remedio que irme acostumbrando a aquella situación. En la capital de Francia, decidí ir a la peluquería. Entre unos y otros me convencieron para cortarme el pelo, aunque siempre había lucido una atractiva, larga y abundante melena herencia de mi padre. Cuando llegué con mi nueva imagen, un amigo fotógrafo quiso hacerme fotos profesionales, pero yo le respondí que no servía para eso.

Con los más importantes personajes de la *crème parisienne* recorrimos durante los doce días que estuvimos en la ciudad de las luces los sitios más destacados de aquel París de entonces. No declinamos ninguna invitación, aunque sí he de confesar que estaba un tanto descolocada en medio de aquel mundo que no significaba gran cosa para mí. Echaba de menos, eso sí, el ambiente de extrema intelectualidad que siempre me había rodeado, las sabias conversaciones con mi abuelo, el entorno de grandeza en la extensión máxima del vocablo, y por aquella época odié más que nunca las poses, la superficialidad, la hipocresía y la falsedad de un mundo en que el *champagne* y el *glamour* no eran más que abundante espuma de algo que pretendía hacerse pasar por oro, una absurda cortina de humo que escondía la más absoluta mediocridad de la que a veces puede rodearse el ser humano y de la que a mí siempre me habían enseñado a huir como de la propia peste. Sin embargo, rememorando aquella estancia en la ciudad del amor, recuerdo una escena con especial emotividad, y al mismo tiempo con una profunda amargura. Fue durante un concierto que daba la cantante de fados portuguesa Amalia Rodríguez. Era la época del existencialismo y tan sólo un mes después de nuestro enlace —el 21 de noviembre de 1960—, un día que jamás podré olvidar. Todos los periódicos del mundo recogían la noticia de la fracasada misión del Mercury Redstone-1, que después de levantarse unos cuantos centímetros del suelo vio cómo los motores principales se apagaban y el cohete había de quedarse en tierra. Pero poco importaba aquel acontecimiento para mí, que era aún una niña de dieciséis años, recién casada, enamorada y muy ilusionada con su marido. Mi particular tragedia sería otra que me quedaría marcada para siempre, me acordaré toda la vida de aquella fecha porque fue el día en el que Jaime me dio la primera bofetada... Sí, Jaime Ostos, el torero que tanto me había suplicado que me casara con él, me pegó, haciéndome sentir ultrajada y humillada. Nadie me había pegado hasta entonces, nadie. Fue en ese momento cuando me di cuenta de que Jaime ya me había perdido el respeto en tan sólo un mes de matrimonio. Todo ocurrió de una forma extraña, pero un hombre agresivo actúa siempre extrañamente, después del concierto de Amalia Rodríguez. Dado que le había gustado tanto la actuación y hacíamos un mes de casados, sin que Jaime se diera cuenta, le compré un disco de la cantante y le quise sorprender con el regalo. Cuando llegamos al hotel, toda ilusionada, se lo di y él reaccionó con el mayor desprecio del mundo advirtiéndome de que fuera olvidando la idea de celebrar cada mes de casados con un regalo. Entonces yo comencé a llorar porque no entendía su actitud y él me dijo que allí no se lloraba por tonterías. En este instante, como yo no podía cesar en mi llanto, me pegó. Primero me dio una sonora bofetada y luego un puñetazo y me dejó como una cosa perdida. Él quiso hacerme ver con eso que yo ya no podía hacer lo que quisiera, que no debía tomar decisiones por mí misma, lo que fue el primer paso para irme despersonalizando. Yo me recosté en la cama y al rato vino a pedirme perdón, me dijo que él tenía una profesión difícil y que de vez en cuando se ponía nervioso, que no se lo tuviera en cuenta y que lo perdonara puesto que aquello no volvería a suceder nunca más. Yo lo perdoné porque no soy nada rencorosa y acabé olvidándolo, aunque, claro, él mismo se encargaría de irme refrescando la memoria durante los nueve años que duró nuestro penoso matrimonio. Pensé en mi padre, en lo mucho que hubiera sufrido de haber visto cómo su hija era maltratada y humillada por el hombre a quien yo misma había jurado amor eterno, por el compañero que había elegido como mi protector, mi guía ahora que él, mi amado padre, ya no estaba para cuidar de mí como siempre lo había hecho. ¡Quién me lo iba a decir!

Un viaje hacia mi padre

Soy hija de un padre mayor y una madre joven. Mi progenitor, don Pedro Alcalá Espinosa de los Monteros, contaba con cuarenta y nueve años cuando contrajo nupcias con una jovencísima, simpática y bellísima mujer de dieciocho, doña Gabriela Rubio Sánchez. Mi madre ha sido una mujer preciosa durante toda su vida, muy elegante, poseedora de un gran ingenio y mucha gracia; como decimos en Andalucía, ha sido siempre un pincel. Así que aquella atractiva mujer cordobesa conquistó con su talento, encanto y juventud a un hombre de muy buena posición social y amplia cultura, un liberal que creía en la persona por encima de todo y que estuvo rodeado de los genios y de los personajes más destacados de la época. Mi padre era un hombre apuesto y atractivo como se adivina en la fotografía que el propio Federico García Lorca le hizo en la Residencia de Estudiantes de Madrid mientras se preparaba para registrador de la propiedad. Era un hombre muy presumido, siempre iba muy bien arreglado, perfecto... Nunca se le ocurría salir a la calle sin su chaqueta de hilo blanco o sin afeitar. Vestía impecablemente. Siempre fue valorado, querido y ante todo respetado por todo el mundo, daba a cada cual lo suyo y jamás nadie se metió con él.

Mi padre fue una figura determinante en mi vida, al igual que lo fue mi abuelo materno, Víctor Rubio Chávarri. Esta fijación en los hombres de mi familia resulta, cuando menos, curiosa; quizá siento tal atracción por haber predominado siempre en el seno familiar un importante matriarcado y haber sido significativa la escasez del sexo masculino, al menos así lo creo. Mi padre quiso inculcarnos durante toda su vida a mi hermano y a mí, desde el mismo instante de nuestro nacimiento, la pasión por la lectura y la curiosidad por el saber que él mismo llevaba implícito en sus propios genes. Tengo siempre en mente la paciencia de mi padre a la hora de explicarme cosas; era más paciente que el Santo Job. Yo llamaba a la puerta de su biblioteca cuando quería hablar con él, le pedía permiso para pasar y él siempre atendía a mis peticiones, ambos nos sentábamos y yo le escuchaba cuantos comentarios quisiera hacerme sobre cualquier cosa que yo le planteara. Recuerdo una ocasión en que comentamos nada más y nada menos que los *Episodios Nacionales*, veinticuatro tomos que yo ya había devorado con doce años. Con mi padre siempre satisfice cualquier demanda intelectual, era un pozo de sabiduría y tenía respuestas para todo.

Pedro Alcalá nació en Baena, en la calle Nicolás Alcalá. Fue el año en que el conde Ferdinand Zeppelin hacía volar el aerostático que llevaba su nombre, iniciándose así una nueva era, también el año en que aún Italia tenía rey y lo asesinaron en un atentado, o el mismo en que se promulgaba que el «liberalismo era un pecado» a través de panfletos anónimos, ese liberalismo, curiosamente, que mi padre llevaría a gala y pondría en práctica con plena conciencia y actitud consecuente. Y es que él fue durante toda su vida una persona muy intransigente consigo misma —en esto me parezco bastante a mi progenitor—, un hombre con un alto concepto de la lealtad y muy coherente en su manera de actuar respondiendo fielmente a sus ideas. Pero sobre todo era un buen padre, con una estricta educación que supo pasar a sus dos hijos. Si me preguntasen qué destacaría de mi padre, contestaría sin dudarlo: la ética y la lealtad. Era una persona muy aguda a pesar de ser un hombre que no hablaba en exceso, decía lo justo y sólo cuando así lo consideraba. Tenía debilidad por sus sobrinos, los hijos de su hermano Nicolás —que era notario de Madrid y diputado—. Mi padre se ocupó de ellos como si hubiera sido su propio padre, pues a mi tío Nicolás lo mataron durante la guerra en Madrid. Eran tan parecidos mi padre y mi tío que cuando el portero lo vio entrar después de la guerra se mareó pensando que se trataba de su hermano, pues tenía noticia de que había muerto. Si bien había sido educado para no mostrar jamás públicamente sus debilidades, ni siquiera sus sentimientos más sutiles —y mucho menos delante de sus hijos—, recuerdo una sola ocasión, inolvidable para mí, en que mi padre dejaría aparcado el convencionalismo para dar rienda suelta a sus más profundas emociones. La escena se produjo en El Cahid; yo tenía por entonces siete u ocho años cuando él quiso bromear conmigo diciéndome algo de lo que se arrepentiría sobremanera momentos después. Puso su mano en mi hombro y me hizo mirar al cielo:

—¡Mira, nenita, un burro volando!

Yo no tardé en mirar hacia arriba y puse cara de circunstancia.

—No veo nada, papá... Ahí arriba no hay ningún burro que vuele.

Mi padre, al ver mi ingenuidad, comenzó a reír.

—Pero, nenita, ¿no sabes que los burros no vuelan?

Yo, con la inocencia de cualquier niña pequeña, pero al mismo tiempo fielmente confiada en todo cuanto mi padre me pudiera decir, lo miré fijamente:

—Papá, ya sé que los burros no vuelan, pero como me lo has dicho tú, no he dudado ni un momento de que podría ser cierto.

Recuerdo que a mi padre se le cayeron dos grandes lágrimas, dos inmensos lagrimones que recorrieron su mejilla, y me dijo que jamás me volvería a decir algo semejante, que había sido una simple broma y que estuviera tranquila que no volvería a ocurrir nunca más.

Me doy cuenta de que mi padre supuso un importante abrigo psicológico y un pilar fundamental para mi existencia, y sin dudarlo ni un solo instante puedo decir que mi padre es una referencia imprescindible y obligada de mi vida, se podría decir que fue mi máximo soporte, un apoyo realmente vital. Jamás experimenté sensación de miedo cuando vivía mi padre, sabía que estando él conmigo nunca me pasaría nada. Otra de las tantas anécdotas que recuerdo y que avala ese sentimiento de protección del que hablo sucedió un 15 de agosto, día en que celebraba su onomástica. Por entonces decidí quedarme en casa de mi prima Ana Bujalanza y le pedí permiso a mi padre para ir al cine. Optamos por ver una película de terror: *Los críme-*

nes en el museo de cera. Fue durante la noche, a la hora de acostarme, cuando tuve un poco de miedo acordándome de alguna de las escenas de la película. Mi padre, situado en una habitación contigua, me notó un tanto extraña:

—Nenita, ¿te ocurre algo?

Yo me mostré al principio un tanto reticente a contárselo, aunque no tardé en confesárselo.

—Papá, es que tengo un poco de miedo... He visto una película y ahora no me puedo dormir.

Mi padre me sonrió y me acarició la cabeza como muestra inequívoca de cariño y complicidad.

—No te preocupes, nenita, no tienes por qué tener miedo.

Cogió sus gafas y un libro y se sentó en la butaca al lado de la cama, cruzó las piernas y comenzó a leer velando por mi sueño infantil.

—Duerme, nenita, que yo estaré aquí, a tu lado, para que desaparezca ese infundado miedo.

Por supuesto dormí esa noche con plenitud de felicidad y con la tranquilidad de tener a mi lado un guardián incondicional de mi inocencia. También mi padre —en primer lugar— y luego mi abuelo me enseñaron a saber cargar con las consecuencias, siempre me dijeron que uno habría de responder en todo momento de sus actos, y así lo intenté poner en práctica durante toda mi vida. Recuerdo que una vez suspendí dos asignaturas y me guardé las notas en el bolsillo evitando decir que no había aprobado. Recibí regalos, como siempre, y confieso que me sentí fatal. Sabía que en primer lugar me estaba engañando a mí misma y a mis padres y que no era merecedora de recompensa alguna. Mi educación no me permitía seguir con aquella farsa, me habían enseñado a ser consecuente y responsable y por ello pedí permiso para entrar en la biblioteca de mi padre y contarle toda la verdad. Mi padre me mantuvo de pie cerca de la mesa y me trató de usted.

—¿Cuál es su obligación?

Yo agaché la cabeza.

—Estudiar, papá.

Él se tocó la barbilla y subió el entrecejo.

—Pues usted ha incumplido con su obligación.

Levanté la mirada para, de inmediato, volver a bajarla.

—Lo sé, papá.

—Tú sabes lo que debes hacer, y tú sabes cómo te debes castigar.

Salí de la habitación cabizbaja pero sabiendo que para mí el mayor castigo hubiera sido seguir ocultando lo sucedido y albergando una mentira en mi corazón, que por otra parte era lo que nunca se perdonaba en mi familia, a cuyos miembros apodaban «los carablancas», precisamente por pertenecer a una importante orden de caballería que tenía como principios básicos y fundamentales la sinceridad y la lealtad. Así pues, ya mucho más liberada de mi carga, me autoimpuse dedicar más horas de estudio sin apenas salir a la calle ni jugar hasta que conseguí aprobar esas dos asignaturas que me habían resultado más complicadas. Con todo, la figura de mi padre no era en modo alguno dictatorial, pero sí firme, mi padre tenía ese sentido del autoritarismo de un padre, es evidente, y yo le hacía mucho caso asumiendo mi responsabilidad, que no mi culpabilidad; él no quería hacernos sentir jamás culpables, pero sí responsables de nuestras acciones. Luego, con mi abuelo, fue diferente, con él tenía una cierta complicidad, era otra cosa, mi abuelo convencía con la palabra, ejemplificando todo por medio de parábolas, si bien a veces mi padre decía que nadie a base de discursos añade un codo a su estatura. Ese sentido del autoritarismo paterno queda reflejado en otra anécdota. Sucedió una tarde de verano, de caluroso verano cordobés, en Baena. Al lado de mi casa había una barbería y yo me sentaba en lo alto de un poyete para ver cómo aquel barbero afeitaba a los clientes. Cuando veía que el barbero cogía la navaja de afeitar, yo aprovechaba y le hacía burla con las manos y el señor que estaba sentado en el sillón me veía a través del espejo y comenzaba a reír, con lo cual el barbero solía hacerle algún corte y a mí aquello me parecía divertidísimo. En una de esas veces, el barbero se dio cuenta de mis musarañas y entró en cólera, agarró una aljofaina llena de pelos cortados y me la echó encima. Comencé a llorar y fui hasta mi casa, le dije a la tata que me lavara corriendo antes de que llegara mi padre, pero por mucha prisa que nos dimos acabó sorprendiéndonos en plena faena. Mi padre no acababa de comprender qué me había pasado y quiso saciar su curiosidad.

—Pero ¿qué te ha pasado, criatura?

La tata intentó explicar lo sucedido.

—El barbero, que ha cogido y le ha echado los pelos a la niña.

Mi padre no lo pensó dos veces. Se dirigió raudo hasta la barbería y cogiendo por la solapa al barbero le advirtió:

—¡Primera y última vez que usted hace eso con mi hija, le repito, primera y última vez! Lo que tenga que reprobar a mi hija, usted me lo dice a mí y yo sabré cómo actuar.

El hombre, con la navaja en mano, temblaba como una hoja de parra. Después mi padre me regañó a mí, me advirtió que nunca más volviera a hacer eso y me dio un azote. Yo lo entendí perfectamente. Lo que quiero expresar con esto es que en aquellos momentos yo era totalmente consciente de que en mi padre tendría un defensor a ultranza, pero al mismo tiempo yo notaba cómo era la autoridad de una persona tan cercana; que era capaz de defenderme, bien, pero también de ponerme en mi sitio cuando lo merecía... Esto no tiene precio.

Había dos expresiones que jamás podía pronunciar junto a mi padre, una era «estoy aburrida» y la otra «estoy cansada». Si acaso yo osaba decir la primera, él no tardaría en buscar remedio a mi aburrimiento:

—Te subes en la escalera, me coges tal o cual libro y me vas haciendo una fichita bibliográfica, verás como se te acaba el aburrimiento inmediatamente.

Si optaba por la segunda, mi padre reaccionaría diciéndome:

—No hay mejor manera para evitar estar cansada que irse a la cama.

Con lo cual yo, sabiendo ya la reacción que me esperaba por parte de mi progenitor, borré de mi diccionario particular ambos términos y jamás los pronuncié delante de él, el hombre por quien más admiración he sentido a lo largo de toda mi vida.

El librepensador

—Papá, ¿tú eres librepensador?

Mi padre se sorprendió por lo inesperado de la pregunta.

—¡Hasta ahí podríamos llegar!

Yo fruncí el ceño no sabiendo qué significaba aquella respuesta.

—Es que en mi libro dice que los librepensadores se condenan y que arderán en los infiernos...

Un buen día, mientras consultaba el contenido de algunos libros en la biblioteca del colegio —mi gran pasión—, me topé con un ejemplar que me llamó poderosamente la atención y que se titulaba, precisamente, *El Librepensador*. Una vez leído aquel libro, el mismo me hizo reflexionar sobre su propia situación. Se trataba de un padre que ejercía la plena facultad de pensar libremente, sin dejarse llevar por el ridículo convencionalismo social y buscando una respuesta racional y un sentido a todo cuando rodeaba su vida. Sin embargo, el otro personaje destacado, su hijo, hacía verdaderos esfuerzos para que su padre encontrara respuestas a sus planteamientos en la religión, y así evitar que se condenase tras su muerte. Yo pude ver reflejada ahí mi propia historia y quise mantener —imitando de alguna forma el contenido del libro— un diálogo semejante con mi padre, mi «librepensador particular» y con quien tantos enriquecedores momentos había compartido a lo largo de toda mi vida. Por ello, mi padre, haciendo uso de una perpetua y solemne propiedad lingüística, así como de un gran racionalismo, terminó por contestarme.

—Vamos a ver, nenita, antes de nada, tú no debes decir nunca «mi libro dice...», tienes que hablar con propiedad y decir «fulanito de tal dice en el libro tal o cual cosa...». Comprende que se trata de un juicio de una determinada persona, llamada X, que escribe un libro determinado y que su pensamiento queda reflejado ya para siempre en las páginas del mismo, pero el libro no deja de ser un mero soporte, recuérdalo siempre, luego el libro nunca dice nada, los soportes sirven para llevar hasta el lector en este caso el pensamiento de un escritor concreto.

Yo me quedaba maravillada con las precisiones que hacía mi padre en lo que respecta al empleo de la lengua y no tardé en sentarme, sabiendo que aquella exposición aún no había concluido.

—En segundo lugar, en cuanto a si voy a arder en los infiernos, eso son boberías, nenita... Vamos a ver, activa ese raciocinio que es precisamente el don que tenemos los humanos y lo que quiero que trabajes, porque incluso atendiendo a ideas religiosas, nunca se puede dejar aparcado el sentido común. Vamos a ver, si tú como entidad pensante has llegado a la conclusión de que Dios existe, me parece muy bien y es respetable, ahora bien, tú piensas que si te portas bien obtendrás un premio y si te portas mal recibirás un castigo impuesto por ese Dios a quien llamas justo y misericordioso. Pues bien, por eso mismo tú habrás de comprender que yo, que no espero ni premio ni castigo, obtenga una satisfacción mía, totalmente personal y propia por pensar y comportarme de la forma como lo hago; prefiero ser un hombre de libre pensamiento, huir de lo que considero hipocresía social y plantearme mi vida atendiendo a mis principios de bondad, de amor hacia el prójimo, de amistad, de luchar y defender a la familia como algo necesario. Ni la bondad ni la generosidad son patrimonio de una religión, los pongo en práctica no por recibir un premio o un castigo, sino porque los tengo como principios de vida, algo que hay que hacer para sentirse bien con uno mismo, al margen de cualquier creencia, religión o filosofía. Quiero que te des cuenta del matiz, nenita.

Me quedé obnubilada escuchando a mi padre. Aquel día, tras terminar esas pláticas, me levanté y le di un beso.

—Gracias, papá. Lo he comprendido perfectamente. Te quiero.

Siempre tendré presente las enseñanzas de mi padre, aunque a veces entraban en conflicto con las inculcadas desde el colegio. Allí, se me obligaba a hacer unos ejercicios espirituales, y un día, mientras los llevaba a cabo, sentí un fuerte dolor de piernas. En aquellos tiempos se tenía mucho miedo por la polio y no tardaron en llevarme a un buen traumatólogo, quien dijo que no se trataba de nada importante, que aquellos dolores podrían venir del propio período de crecimiento. Esa misma noche, tras llegar a casa y sin poderme mover, le dije a mi padre:

—Mira, papá... Anoche, en el colegio, mientras estábamos haciendo ejercicios espirituales nos estuvieron hablando del infierno y enseguida me empezaron a doler las piernas.

Mi padre no daba crédito, creyó saber la causa de mis dolores y no tardó en ir a hablar con las religiosas, extendiéndoles una justificación en donde se explicitaba que yo no volvería al colegio durante algún tiempo, hasta no sentirme totalmente recuperada y que permanecería en Baena durante mi convalecencia. Una vez subidos en el coche, mi padre me miro mientras me agarraba suavemente por los hombros.

—Vamos a ver, nenita, cada vez que hagáis ejercicios espirituales, tú me llamas y te vienes a casa... No quiero que te afecte lo que te puedan contar sobre el infierno y sobre este tipo de patochadas.

Otro día, mientras estábamos en Antequera visitando los dólmenes del Romeral, mi padre me cogió y me llevó en brazos para enseñarme los mencionados monumentos. Recuerdo que allí había un guarda e hizo un comentario.

—¡Ay! ¡Qué lástima! ¡Una niña tan bonita y coja...!

Mi padre cambió el gesto después de oír aquellas palabras.

—Oiga, señor, mi hija no está coja. No le permito que diga tonterías.

Desde aquel momento, curiosamente, recuerdo que me dejaron de doler las piernas.

Cumplidos los siete años, inicié los preparativos para mi Primera Comunión. Ésta se produjo finalmente un viernes, 21 de septiembre, cumpleaños precisamente de mi hermano menor, Pedro. Fue el mismo día en que el arzobispo de Tarragona llevaba a cabo la Peregrinación Misional de la Virgen de Fátima, cuya imagen recorrería durante varios meses los pueblos de la archidiócesis, y el mismo día también en que Juan Domingo Perón emitía su discurso ante los horticultores bonaerenses en la Casa de Gobierno. En realidad tenía previsto haber hecho la comunión en fecha anterior a la que se produjo, sin embargo, circunstancias familiares lo impidieron: mi madre tuvo que ser intervenida de una operación de vesícula. Entonces mi padre —un hombre totalmente agnóstico en el terreno de las creencias, y un liberal convencido en el campo de la política— me mandó llamar a la biblioteca.

—Mira, nenita, yo quiero que tú sepas que si quieres hacer tu Primera Comunión, estupendo, que éste sea para ti un día magnífico. Tú sabes que mis creencias en nada tienen que ver con toda esta parafernalia religiosa y por ello no quiero darte una imagen de ser un padre hipócrita, en modo alguno quisiera que llegases a pensar que tu padre te va a mentir nunca, por ello yo he decidido quedarme en casa, para mostrarte mi coherencia en todo cuanto pienso y en todo cuanto digo. Quiero ser totalmente consecuente con mi manera de concebir la vida y esto sé que algún día lo llegarás a comprender perfectamente.

Yo lo entendí incluso en aquel momento, ya que en mi casa no todo el mundo iba a misa; el hecho de asistir a la iglesia era un acto individual en el que se participaba con total y absoluta libertad. Sin embargo, también es cierto que fue con el paso del tiempo cuando fui comprendiendo mejor la actitud de mi padre, un hombre librepensante —como el del libro que cayó en mis manos de casualidad— y un hombre, sobre todas las cosas, fiel a sus principios.

La Residencia de Estudiantes y Federico

La Residencia de Estudiantes de Madrid —como muchos saben— fue el primer centro cultural de España y el lugar donde se llevó a cabo una de las experiencias más vivas y fructíferas de creación e intercambio científico y artístico de la Europa de entreguerras. Fue fundada por la Junta el mismo año en que aparecía en España una nueva costumbre: la de celebrar las campanadas de Nochevieja comiendo doce uvas, y el mismo año también en que moría el novelista ruso León Tolstói, cuyas obras literarias influyeron ampliamente en la literatura contemporánea, hablamos del año 1910. Cinco años más tarde, en 1915, se traslada a su sede definitiva en la madrileña Colina de los Chopos. Fue el año en el que se estrenó *La verdad*, de Jacinto Benavente, en Barcelona, en el que se produjo un violento terremoto en Italia, en el que nacieron el físico estadounidense Robert Hofstadter, el actor y cineasta Orson Welles, la cantante francesa

Edith Piaf y también el actor e irrepetible cantante Frank Sinatra. Año en que fracasa la ofensiva francesa, se hunde el *Alfonso XIII* y Gandhi vuelve a la India.

El malagueño Alberto Jiménez Fraud —joven director de la Residencia de Estudiantes durante toda esta primera etapa— hizo de ella una casa abierta a la creación, el pensamiento y el diálogo interdisciplinar. Tanto la Junta como la Residencia eran producto de las ideas renovadoras de la Institución Libre de Enseñanza, fundada en 1876 por don Francisco Giner de los Ríos. La Residencia —parafraseando el contenido de sus informaciones promocionales— se proponía complementar la enseñanza universitaria mediante la creación de un ambiente intelectual y de convivencia adecuado para los estudiantes. Características distintivas de la Residencia fueron propiciar un diálogo permanente entre ciencias y artes y actuar como centro de recepción de las vanguardias internacionales. Ello hizo de la Residencia un foco de difusión de la modernidad en España, y de entre los residentes surgieron muchas de las figuras más destacadas de la cultura española del siglo XX, como el poeta Federico García Lorca, el pintor Salvador Dalí, el cineasta Luis Buñuel y el científico Severo Ochoa. A ella acudían como visitantes asiduos o como residentes durante sus estancias en Madrid Miguel de Unamuno, Alfonso Reyes, Manuel de Falla, Juan Ramón Jiménez, José Ortega y Gasset, Pedro Salinas, Blas Cabrera, Eugenio d'Ors y Rafael Alberti, entre muchos otros. La Residencia fue además foro de debate y difusión de la vida intelectual de la Europa de entreguerras, presentada directamente por sus protagonistas. Entre las personalidades que acudieron a sus salones figuran Albert Einstein, Paul Valéry, Marie Curie, Igor Stravinski, John M. Keynes, Alexander Calder, Walter Gropius, Henri Bergson y Le Corbusier, entre muchos otros. Sólo la etapa de la guerra civil supuso el fin de sus actividades. De este ambiente bebió mi padre y allí se hizo muy amigo —entre otros— del gran poeta granadino Federico García Lorca, como ya he mencionado. Del poeta mi padre contaba muchas anécdotas, como que curiosamente lo suspendían en Literatura, o que tenía una pasmosa facilidad para la elaboración de sus poemas, aunque era extremadamente perezoso. También mi madre, Gabriela Rubio Sánchez, tiene mucho que contar, ya que recuerda con extraordinaria claridad las miles de conversaciones que García Lorca mantenía con su esposo. Mi padre le contó que, en más de una ocasión, los padres de Federico no estaban contentos con los estudios de su hijo, y cuando lo iban a visitar a la Residencia reprobaban que no pusiera mucho interés en aplicarse en las asignaturas y que incluso lo suspendiesen en Literatura. Desde luego es una fina paradoja, la persona que ha marcado toda una etapa de la poesía y el teatro en España y fuera de ella, suspendía Literatura... También le contaba mi padre, en repetidas ocasiones, que Lorca tenía idolatrada a su madre, siempre la tenía en la boca. Su sensibilidad tanto musical como poética le venía en gran parte de la madre del poeta, que trabajaba como maestra y era una mujer con una vasta preparación cultural. Claro que también, a gran escala, su familia paterna, los García de Fuente Vaqueros, influyeron en ese especial e irrepetible talento para la poesía. No hay que olvidar que todos poseían un más que demostrado talento para la música y también para las artes, de hecho Lorca tenía idolatrado a un tío abuelo suyo por vía paterna, Baldomero García Rodríguez, un hombre excéntrico que tocaba como nadie la guitarra y la bandurria y que sentía pasión por la literatura. Ian Gibson, en su libro *Vida, pasión y muerte de Federico García Lorca,* apoya totalmente esta tesis: «La tradición familiar registra una ocasión en que la madre del poeta exclamó, al oír a Federico expresarse de una manera muy exagerada: "¡Ya tenemos a otro Baldomero!". A lo que el hijo replicaría: "¡Sería un honor para mí ser como él!"». Mi padre le hablaba constantemente a mi madre sobre aquellas visitas que los padres de Lorca le hacían a la Residencia, él tenía siempre un buen recuerdo tanto de don Federico García Rodríguez, padre del poeta, como de la madre, doña Vicenta Lorca Romero, segunda esposa de su padre. Ellos, como buenos granadinos, querían compartir los alimentos que traían con todos los estudiantes, compañeros de Federico, a quienes incluso daban algunos consejos. Mi madre recuerda que la primera obra dramática que llevó a cabo Federico García Lorca, *El maleficio de la mariposa*, se estrenó en 1920. Cuando Federico la hizo, tenía serias dudas de que funcionase, el poeta era muy joven y le faltaba seguridad. La obra tenía influencias del Modernismo y no era fácilmente entendible por el público. Federico compartía todos sus miedos, como es lógico, con sus compañeros de la Residencia, y ante el temor de que esta obra no fuera bien recibida y temiendo que Federico pudiera sufrir algún linchamiento, mi padre y unos cuantos más residentes optaron por poner en práctica un plan de ataque el día del estreno. El plan era que, con el consentimiento de Federico, ellos irían hasta el teatro Eslava de Madrid, donde fue estrenada la obra, aquel 22 de mayo de 1920, cuando Federico contaba con apenas veintiún años. Una vez en el teatro se establecerían en el gallinero y por si había que defender a Federico vestirían capas en las que llevarían escondidos unos pequeños bastones. Aquel sábado en que en Madrid se colocaba la primera piedra de la Casa de Velázquez y en que era asesinado a balazos Venustiano Carranza, presidente de México, todo estaba preparado para la representación de un genio del 27, quizá uno de los mayores genios de todos los tiempos. Un prólogo estremecedor antecede la obra:

«Señores: la comedia que vais a escuchar es humilde e inquietante, comedia rota del que quiere arañar a la luna y se araña su corazón. El amor, lo mismo que pasa con sus burlas y sus fracasos por la vida del hombre, pasa en esta ocasión por una escondida pradera poblada de insectos, donde hacía mucho tiempo era la vida apacible y serena».

Después catorce personajes encarnan papeles de insectos, se dice que Lorca cambió la palabra «cucaracha» por otra que se emplea mucho en Andalucía, «curiana», precisamente para suavizar el término y limar lo máximo la posible reacción del público. Se abrió el telón y comenzó la función. La platea parecía no entender nada, los temas del amor, la muerte, el trabajo o la existencia de Dios eran tratados por primera vez a través de la perspectiva de esos insectos que van desarrollando la acción. Alguien comenzó a silbar y fue seguido por varios más, otros empezaron a patear, los insectos hablaban como lo haría cualquier ser humano haciendo todo tipo de reflexiones. El público mostraba una gran agitación, se oían gritos provenientes de los palcos. Lorca había querido mostrar con su obra que todos los seres vivos tienen algo en común: la vida como tal. Los ánimos se caldearon más y en medio de la representación comenzó una bronca descomunal entre los asistentes. Mi padre y sus compañeros de la Residencia defendían a Lorca enfrentando al público:

—¡Qué ocurre! ¿Es que no estáis capacitados para entender el contenido de la obra de un genio?

Alguien les escupió desde arriba, un pataleo colectivo se oía por todo el teatro, los gritos se agudizaban y comenzó una lucha sin precedentes, los compañeros de Lorca sacaron de debajo de sus capas los bastones y se defendieron, el amor por Federico estaba antes que nada, no permitieron que se le insultase delante de ellos ni que infravalorasen sus creaciones dramáticas. La mayor parte de los compañeros sufrieron agresiones y alguna lesión leve, pero todos regresaron a la Residencia sanos y salvos aunque doloridos por la lucha mantenida durante la función. Cuando

Lorca los vio a su regreso se echó a sus hombros, los abrazó y agradeció lo que habían hecho por él. Está claro que la obra había causado una fuerte reacción en el público, una conmoción para la sociedad de la época que quedó reflejada en las revistas de crítica literaria, lo cual no era nada fácil para alguien que empezaba a despuntar como dramaturgo. A eso había que unir que la obra había sido representada en un gran teatro en ese Madrid en donde el triunfo sólo era el privilegio de unos cuantos elegidos. Mi padre había participado de manera activa esa noche en defensa de su amigo. A pesar de estudiar leyes y estar preparándose en la Residencia para notario y registrador de la propiedad, siempre sintió una fuerte atracción por las nuevas corrientes literarias que entraron en España a principios del siglo XX. Él supo ver en el poeta granadino a un hombre de gran humanidad, inteligente e innovador, dotado además de pasmosa facilidad para componer versos con tan sólo planteárselo en cualquier momento y en cualquier lugar, no importaba que fuera la propia Residencia, la calle o una cafetería, y esto le atrajo sobremanera. Mi padre contaba que cuando tomaban el café, el poeta cogía una servilleta y allí mismo elaboraba un magnífico poema en tan sólo unos minutos. De hecho, en una de esas ocasiones le compuso uno, poema que le regaló de puño y letra, por supuesto, firmado. El poema habla de los amores que despertó una guapa joven del Madrid de la época llamada Nema Coello en mi padre y en otros compañeros residentes.

En los madriles de Goya
vive Nemesia Cornejo,
amada por Alcalá
y por Antonio Gallego.
Éste se puso lírico,
se la llevó al quinto cielo
y la amaba en un pasillo
que era una caja de muerto.
Ella creyó al literato
pero se llevó un camelo;
en espinas y abrojos
se le trocaron los besos...
¡Llorad, solteras, sin novio!,
¡pobre Nemesia Cornejo!
Luego Perico Alcalá
hipotecó el monumento
y se la llevaba al cine
berrendo berrendo en negro.
Este muchacho canoso,
de Baena y no muy feo,
cautivó a la desgraciada
con notarías y dineros
puso con la niña rubia
cátedra de alto magreo
éste fue más positivo
que el interfecto gallego
pero la boda esperada
se la llevaron los vientos...

¡Llorad solteras sin novio!
¡Pobre Nemesia Cornejo!
Ahora le tocará el turno
a Peinado o a Cienfuegos...
¡Siga girando la rueda!...
¡Pobre Nemesia Cornejo!

FEDERICO GARCÍA LORCA
Residencia de Estudiantes, 1921

El Cahid

Nací un jueves 14 de diciembre que amaneció lluvioso. Ya lo dice el refrán, «si en diciembre mucho llueve, buen año el que viene», y seguro que así fue. La radio de ese día anunciaba unos ataques aéreos sobre Rangún y Bangkok, y al otro lado del Atlántico, el prestigioso periódico estadounidense *The New York Times* daba la primera noticia habida en el pasado siglo XX sobre ovnis. Alrededor del mediodía, cuando por momentos la brisa gélida iba desapareciendo hacia el atardecer para ir dando paso de nuevo a esa incesante lluvia que duraría hasta el día siguiente, otra noticia saltaba a la página de sucesos: «El destacado músico norteamericano Glenn Miller toma un avión rumbo a París; avión que nunca arriba a esa ciudad; se estrelló en alguna parte sobre el Canal Inglés». La muerte de Miller enlutó a todos los amantes de su música en el mundo entero y el músico fue proclamado como héroe mundialmente. En medio de tales acontecimientos, ese mismo día 14 de diciembre, a las once y veinte de una oscura noche, desde algún lugar de Andalucía se escribía: «He nacido en una noche de lluvia con mucha felicidad». Diez palabras que servían de contenido a un telegrama que mis abuelos enviaban a mis tías, las hermanas de mi madre. El mencionado anuncio telegrafiado significaría, sin duda, el preludio de la feliz infancia que yo iba a disfrutar desde recién nacida en el seno de una familia de excelente posición social, que me daría el inmenso cariño que iba a marcar indiscutiblemente mi infancia y, por extensión, mi vida. Hasta tal punto es así, que el haberme sentido muy deseada es algo que llevo profundamente marcado en mi corazón. Con tan sólo esas diez palabras que mis abuelos pusieron en el telegrama, ya me dieron algo tan importante como fue mi identidad. Nací en Sevilla, en la clínica del doctor Recaséns, calle de San Vicente. Mi nacimiento en este lugar fue más bien circunstancial porque mi padre, registrador de la propiedad de Cádiz, era muy amigo del doctor Recaséns y por eso se decidió que era mejor que yo naciera allí. No conocí a mis abuelos paternos, pero sí a los abuelos por parte de mi madre. Ellos vivían en Cabra, adonde tuvieron que ir por culpa de la persecución política desde Priego. Fui bautizada en la parroquia de El Salvador y enseguida la familia se trasladó a vivir a El Cahid, una finca ubicada en la provincia de Córdoba entre Baena y Doña Mencía. Constantemente vienen hasta mi mente nostálgicos recuerdos del campo, de aquel campo que viví y disfruté minuto a minuto con la profunda intensidad de quien es capaz de enamorarse de un paisaje, de un entorno casi idílico que marca el alma y los recuerdos de un ser humano para toda la vida. El campo era otra cosa, era otro mundo, me metía en la finca y aquel campo se convertía realmente en mi mundo de sensaciones. Un mundo de sensaciones que se traducían en candiles encendidos al anochecer, en el ruido de los muleros colocando las yuntas a las respectivas bestias, en los aceituneros que partían al amanecer desafiando la fría brisa matutina con pellizas y prendas que les protegieran del frío para recolectar la cosecha. Mis recuerdos de aquellos olores a primavera son tan profundos que aún los siento intensificados en mi mente y jamás desaparecerán de mi memoria. Recuerdos de la humedad de las hortalizas, de aquel rocío mañanero, del frescor campestre, del jabón casero, de la ropa recién lavada a mano, recién almidonada y recién planchada con delicadeza por las trabajadas manos de alguna de las mujeres. Pero lo que me fascinaba sobre todo era la vuelta del trabajo, para mí suponía un auténtico ritual cotidiano, aquel atardecer en el campo en el que las mozuelas se preparaban para lavarse y encendían los candiles y en donde el concepto de tiempo distaba sustancialmente del tiempo marcado por las agujas de cualquier reloj y en donde las palabras amor, complicidad o solidaridad respondían todavía a ciertos principios intrínsecos del ser humano, manteniendo su más puro significado.

En la finca había un gran patio, luego estaba la casa y a continuación el cortijo de los empleados. Dado que había caballerías y carros, era de esperar que hubiera diferentes oficios entre los contratados, los herreros y carpinteros tan sólo eran algunos de ellos. Con los insoportables fríos cordobeses de enero y febrero, en plena campaña de la aceituna, familias enteras se trasladaban hasta la finca para su recolección y yo esperaba y anhelaba este hecho cada año. Me encantaba sentirme abrigada entre aquellas gentes con quienes cantaba, bailaba y jugaba. Para mí todo aquello resultaba algo misterioso, difícil de explicar con palabras. Con los trabajadores leía novelitas por entregas que traía de tarde en tarde el manijero con el hato. Estos libritos de unas ocho o diez páginas se alquilaban en las barberías y la mayoría de los que leí fueron de bandoleros... Me apasionaban los bandoleros... y me abstraía totalmente en la lectura. Mi padre me llegó a decir que de ninguna manera me llevara el dedo a la boca después de haber pasado las páginas, pues aquel papel se encontraba realmente manoseado por todas las personas por las que había pasado. Con los trabajadores representaba obras de teatro, a cada uno de ellos les daba un papel y lo debían representar de la mejor manera posible, para acto seguido sentarme como público. Este mundo de los trabajadores era el que realmente me fascinaba, porque veía reflejado en él la pura vida, personas que sabían cantar en épocas difíciles y que sabían enfrentarse a la dura realidad con una bella sonrisa. Era tal el cariño y la simpatía que ellos me tenían que no tardaron en apodarme con el cariñoso apelativo de «el sonajero». Así pues, yo, que apenas tenía tres años, esperaba la noche para irme desde la casa de mis padres hasta la cocina de aquella gente. De la cocina revivo la chimenea con el perpetuo olor a humo y el cocido al fuego. Recuerdo especialmente aquella chimenea, porque a mi padre no le gustaba que fuera porque decía que volvía con un insoportable olor a humo. La casa de los criados tenía una entrada grande con una puerta que tenía sus trancas y sus enganches por los lados. Había una mesa central en la cocina y unos poyetes. Y entonces la casera hacía el potaje para comer por la noche. Aquel potaje era para mí un delicioso manjar que disfrutaba al lado de todas las buenas gentes que venían desde los puntos más dispares y diversos de nuestra geografía. Recuerdo que había unos lebrillos enormes, los ponían en el centro de la mesa y con una cuchara que era de aluminio y que limpiaban con arena, se comía, haciendo uso de algo que se llamaba «cuchara y paso atrás». Todo estaba perfectamente medido entre aquellas familias, todo estaba precisamente reglado entre los aceituneros, aquel «paso atrás» al que me refería se daba para que la otra persona pudiera participar también del ritual de la merienda en la que todo el mundo tenía cabida. Años de hermandad en que aún tenía un significado preciso y precioso la palabra compartir; se compartía todo, primordialmente aquellos panetes que se elaboraban en la propia casa dos veces por semana y que se guardaban en una tinaja grande. Sabían a gloria cuando se les echaba un chorreón de aceite, el mejor aceite que jamás haya comido, y con aquel olor…

En mi casa se olía a cultura en todos los rincones, nadie me enseñó a leer ni a escribir. Recuerdo que desde pequeña ya leía el periódico, no soy consciente realmente de quién me enseñó a leer, creo que nací leyendo, de hecho estuve siempre rodeada de sabiduría, de intelectualidad, sólo había cultura a mi alrededor y eso, tengo que reconocerlo, es todo un privilegio. En El Cahid, había noches claras en las que se podía ver reflejada la luna llena con mucha intensidad en la tierra caliza. Parecía que había dos cielos, yo percibía perfectamente esa sensación, y se veían a lo lejos unos cerros redondeados, sensuales... Recuerdo aquella percepción como algo realmente fantástico y difícil de olvidar. Las estrellas brillaban con mucha fuerza en esas noches de plenilunio, y yo contemplaba el universo tras los grandes ventanales, con la luz apagada y en la compañía más inmediata de mi fiel compañero, un perro de inmensas proporciones, mitad lobo, mitad mastín, que me fue regalado el día de mi nacimiento y con el que crecí, compartí juegos y vivencias. Con tan sólo una voz, «¡Ducce!», mi perro se acercaba a mí o a mi hermano, jamás nos abandonaba y nos defendía de cualquier peligro. En una ocasión, Ducce —el nombre se lo puso mi abuelo— no nos dejaba andar ni a mi hermano ni a mí, se interponía a nuestro paso y no entendíamos nada de su actitud. Luego entendimos el porqué de su comportamiento y es que ese día se había producido un tremendo terremoto, de una gran intensidad, y se abrió una considerable grieta delante de nosotros. Ése era el verdadero motivo por el que nuestro perro nos impedía caminar, para que no quedásemos atrapados. Aquello nos emocionó realmente, tenía el comportamiento de un ser humano. Lloramos mucho la muerte de aquel insustituible amigo, de aquella especie de ángel que nos estuvo acompañando durante parte de nuestra infancia. Algún desaprensivo acabó con su vida envenenándolo con unas bolillas de naftalina. Mi hermano y yo permanecimos desolados durante algún tiempo, echando mucho de menos su insustituible compañía. Ducce no fue el único regalo que me hicieron al nacer, también me regalaron un pino, un pino de una variedad rarísima que plantaron en mi nacimiento en El Cahid, claro. Yo tampoco he querido perder la costumbre y también he plantado un árbol en el nacimiento de cada uno de mis hijos. Quisiera que cuando yo muera, mis cenizas le sirvan de alimento a ese pino que sembraron para mí, con un epitafio que diga: «Al fin, algo fácil».

Mi infancia silvestre

Recuerdo que en los calurosos veranos cordobeses donde se hacinaban los olores de la jara y el romero, muy de mañana, los muleros agarraban sus aguaderas, las colocaban en las bestias y partían dispuestos al laborar cotidiano. Ese intenso olor del verde del trigo y de la cebada que mi nariz experimentaba en los meses de siembra daba paso luego a los sensuales aromas de la resina que goteaba de los pinos y eucaliptos. Yo veía desde mi ventana cómo los muleros enjaezaban sus bestias para dirigirse a sus labores cotidianas y no dudaba ni un solo instante en servirles de compañía hasta la era. En la era había un nogal que desprendía un aroma maravilloso por la tarde mientras se trillaba, no puedo olvidarme de eso, recuerdo que luego, acto seguido, se aventaba el trigo y la cebada, aquello soltaba un polvillo que picaba una barbaridad, y había que lavarse rápidamente. Yo tenía apenas seis o siete años y me sentaba muchas veces bajo la gigantesca sombra del nogal ávida de una insaciable curiosidad, estudiaba minuciosamente, sin perder detalle alguno, aquel envidiable e insustituible entorno natural del que disfruté privilegiadamente durante toda mi infancia. Por momentos inspiraba profundamente todo el oxígeno que me rodeaba para impregnarme de los distintos aromas del campo, esos aromas que para mí tanto significaban. Seguramente Flaubert llegó a experimentar algo parecido en algún momento de su vida para dejarlo inmortalizado en su obra mítica, *Madame Bovary:*

«—¡Qué bien se debía de estar allí! ¡Qué fresco bajo el robledal! Y el muchacho abría las ventanas de la nariz para aspirar los buenos olores del campo, que no llegaban hasta él».

Luego volvía el invierno y de nuevo la recolección de la aceituna. Los campos parecían peinados de olivos y el árbol de la buena suerte, símbolo de la paz, aparecía cargado del fruto que días después sería capaz de transformarse en el oro líquido más preciado. Los abundantes racimos del fruto de la vida cuyo nombre es préstamo del árabe se mecían por efecto del viento presentándose ante las rudas manos de los aceituneros como ese amigo que aseguraría el sustento de su prole. Entre unos y otros compañeros de fatigas se establecía un contacto envidiable de fraternidad al abrigo de conversaciones que servirían de bálsamo al duro trabajo experimentado. Actualmente, en el olivar, todo el mundo trabaja con la radio puesta, apenas si se hablan los unos a los otros, pero antes no era así, el campo significaba sencillamente otra cosa desde el mismo instante en que te levantabas. A mí me fascinaba ese mundo y el descubrirme a mí misma como parte integrante de esa realidad. De pequeña me dejaban disfrutar de todas estas cosas, mi sensación por entonces era de sentirme totalmente libre e integrada en la naturaleza. Recuerdo que hasta que no fui al colegio tenía mi perro, mis botas, mi bastón... y una capacha con mis iniciales, MCA. Recuerdo que poseía una navajita y mi propio amocafre también marcado con mi nombre. Me hacía bocadillitos y los depositaba con cuidado en la capacha emulando la actitud de los agricultores. Todo aquel mundo de fascinación que envolvía a los olivares cordobeses quedó muy dentro de mi alma. Cuando oía los mulos, me escapaba y me iba con ellos, aquel impulso lo tengo aún hoy en día, pero sé que es sólo una nostalgia del pasado, de mi pasado. Aquel mundo maravilloso lo formaba también la música, particularmente las coplas escuchadas a través de una gramola, en realidad los seres humanos recordamos continuamente sensaciones, espacios y tiempos gracias muchas veces a las notas de alguna sinfonía, de alguna bella canción que no dudamos en convertir en la banda sonora de nuestra propia vida. La época del arraigo de la copla como bandera de un pueblo identificaba, quizá más que nunca, un momento de nuestra historia. Me encantaba bailar subida a la mesa y también cantar mientras escuchábamos discos de Conchita Piquer o de Imperio Argentina. Pero un día mi padre entró en la cocina y me sorprendió en medio de semejante exhibición artística. Él nunca había pensado que yo tuviera dotes de artista ni que tuviera tanto desparpajo a la hora de mostrarlas ante aquel público que resultaba tan especial para mí.

La música, el flamenco y una bandurria daban lugar en El Cahid a todo tipo de juegos de baile. Un baile muy gracioso que recuerdo era el de «pavo, pavo», nos cogíamos de la mano y cantábamos, luego cambiábamos de pareja interpretando canciones de aceituna a la tenue luz del candil:

Niña de los veinte novios
y conmigo veintiuno,
si todos fueran como yo,
te quedabas sin ninguno.

También se interpretaban otras manifestaciones del folclore, «Los refrenillos», siempre al abrigo de la impagable sabiduría popular:

En enero, el gato en celo: febrero
merdero; marzo sol como mazo; en abril,
aguas mil; en mayo, toro y caballo; en
junio, hoz en puño; en julio, calentura y
aúllo; en agosto, frío en el rostro; en

> septiembre, el rozo y la urdiciembre; en
> octubre, uñe los bueyes y cubre; en
> noviembre y diciembre coma quien
> tuviere y quien no tuviere siembre.

No puede dejar de emocionarme cuando rememoro estos recuerdos, unos recuerdos que significan el todo de una existencia, mi existencia, y la importancia de una identidad, la mía propia.

Mi amor fraternal

Pedro Alcalá Rubio es el único hermano que mis padres me dieron dos años y medio después de mi nacimiento. Mi hermano menor es quien disfruta en la actualidad de ese maravilloso y privilegiado entorno idílico en donde antaño se desarrollara nuestra feliz infancia: El Cahid. El nacimiento de Pedro me hizo una tremenda ilusión, ya que pensé que al fin tendría alguien a mi lado, un compañero con quien compartir mis juegos, mis sentimientos y mis inquietudes de niña ansiosa por satisfacer mi curiosidad. Antes de que mi madre diera a luz a Pedro, me decía siempre que mi hermano estaba ahí metido, en su barriguita, y yo no dudaba ni un solo instante en tocársela, en acariciársela, en poner mi oído para escuchar los movimientos o incluso en besársela, me sentía atraída sobremanera por ese misterio que encierra la naturaleza de todo ser viviente, de poder dar vida a la propia vida. Yo quería saber a quién se parecería, cómo saldría de aquel vientre y cuándo se produciría el parto. Todas esas preguntas yo se las formulaba de manera atropellada a mi madre, tenía ansias de conocimiento y me ilusionaba albergando la idea de tener en breve a un hermano. Todo el rato estaba con preguntas como:

—Mamá, ¿y cómo será el niño?

Mi madre me sonreía y me señalaba la imagen de un bebé que aparecía fotografiado en un gran almanaque de «pelargón».

—Será como ese niño que está ahí colgado, ¿lo ves?

Yo miraba detenidamente cada detalle de la imagen que reproducía al bebé en el calendario de pared.

—Sí, sí... Lo veo. Pero, mamá, yo tengo muchas ganas de que nazca ya, quiero conocerlo y jugar con él.

Mi madre me pedía paciencia. Pedro vería la luz poco tiempo después de aquella conversación y no nacería en cualquier sitio, sino en la bella y legendaria ciudad de la Alhambra, en la urbe mora que en otras épocas se llamara «Ganada», en la ciudad en la que Boabdil perdió su trono y que tantas veces fue cantada y aclamada por poetas, visitantes y bohemios. Fue precisamente en aquel atardecer granadino, cuando las campanas de la Vela tañían con solemnidad y el Albaicín brillaba con destellos plateados, cuando un bonito niño saludaría a la vida con un clamoroso llanto, un niño querido, un bebé muy esperado y tremendamente anhelado por todos, especialmente por mí, que para entonces ya lo había mitificado sin siquiera haberlo conocido. Lo trajeron a casa de noche mi madre, mi padre y mis dos abuelos maternos. Yo lo esperaba ansiosamente, recuerdo aquel momento como si estuviera ocurriendo en este mismo instante. Quería verlo, tocarlo, abrazarlo. Echaron para atrás la blanca mantilla que lo envolvía y me lo mostraron:

—¿Verdad que es guapo, María Consuelo?

Recuerdo que, a pesar de mi corta edad, estudié minuciosamente sus facciones. Observé sus ojitos cerrados todavía, su piel blanca, muy tersa, casi transparente, y miré fijamente sus diminutas manitas. Me di cuenta de que aquel bebé en nada se parecía al del almanaque de «pelargón», éste era mucho más pequeño que aquél. Mi decepción fue muy notable y no pude más que balbucear algunas palabras casi ininteligibles en contestación a la pregunta que había formulado su madre.

—Sí, es muy guapo, mamá... pero cuando sea grande.

Todos se quedaron mirándome sin saber qué comentario hacer.

Pocos días después de que naciera mi hermano, recuerdo que entramos al atardecer en casa de mis abuelos, y mi abuela traía una pecera con dos peces de color naranja, la depositó sobre una mesa y se la mostró a Pedro.

—¡Mira, Pedro! ¡Mira, bonito, qué pececitos más lindos!

De repente una voz se oyó entre los asistentes.

—No, ¡tira esos peces!... Dan muy mala suerte.

El destino quiso que se cumpliera aquel mal augurio. Mi abuela, con tan sólo cuarenta y dos años de edad, murió dos meses más tarde de producirse aquel extraño acontecimiento. A pesar de haber tenido peces a lo largo de toda mi vida, sólo para huir de la superstición y la superchería, la verdad es que no me han gustado nunca mucho, pero soy consciente, desde luego, de que desde un punto de vista racional la muerte de mi abuela no se debió a los peces, evidentemente, sería absurdo pensar lo contrario. Sin embargo, sí es cierto que se produjo de manera inesperada, fue algo que no preveíamos y que nos afectó a todos, especialmente a mí.

En aquella época en que las enfermedades proliferaban constantemente sin posibilidad de encontrar remedio alguno para su curación y erradicación, recuerdo que mi padre estaba en continua vigilancia para que no nos contagiáramos de nada. Hay que tener en cuenta que por entonces las enfermedades eran una indignidad, si pillabas algo te podías morir, no había la vacunación de hoy día. Por eso mi padre sólo quería que jugáramos entre mi hermano y yo y como mucho con los niños de los encargados que también estaba muy sanos. Durante los veranos tanto yo como mi hermano —que ya se había convertido en mi inseparable compañero de juegos— íbamos a Lanjarón. Yo no soportaba que me sacaran de mi entorno silvestre, aunque luego tenía una gran facilidad para adaptarme de inmediato a donde me llevaran. En Lanjarón mi hermano Pedro y yo hacíamos huertecitos y jugábamos, nos lo pasábamos muy bien, emulábamos las faenas del campo y era muy divertido. Recuerdo una vez que había muchas gallinas y mi hermano Pedro estuvo toda la mañana colocando unas estacas. Yo, llena de curiosidad, le quise preguntar por el motivo:

—Pero, Pedro, ¿para qué son estos palos?

Mi hermano siguió hincando los troncos. Sólo pasado algún rato contestó.

—Son estacas, ahora lo verás.

—Pero dime ya para qué estás clavando esas estacas.

Le insistí. Pedro se volvió misterioso. Me miró, me sonrió y me dijo:

—Es que las gallinas no nos dejan jugar y estoy colocando un letrero para que se den cuenta de que están en nuestro territorio.

Al rato pude leer un letrero que decía: «Prohibido el paso». Esta ingenuidad que teníamos es algo que me gusta traer a la memoria de vez en cuando. La verdad es que mi hermano ha sido siempre un ser muy querido por mí. Recuerdo que cuando era muy pequeño y alguien se metía con él porque era muy tímido, yo lo defendía a capa y espada, lo defendía a muerte, era como si me tocaran algo muy preciado y una rabia interior me nacía desde dentro. Cuando contábamos con seis y tres años respectivamente, mientras nos encontrábamos en un parque jugando, Pedro se fijó en un fotógrafo que de vez en cuando se metía dentro de una tela negra que tenía la máquina de fotos y que disparaba agarrando una cadenita cada vez que había un grupito de niños preparados para que les hicieran un retrato. Mi hermano, haciendo la típica trastada infantil, se colocó delante del objetivo impidiendo así que el fotógrafo pudiera realizar su trabajo. La escena se volvió a repetir instantes después a pesar de las advertencias del hombre. Finalmente el fotógrafo optó por empujar de mala manera a mi hermano. Cuando me di cuenta de lo que había pasado, decidí lanzarme contra aquel hombre que había agredido a mi hermano, cogí carrerilla y cuando el fotógrafo se volvió a meter dentro de la cortina, me abalancé sobre él y le tiré la cámara al suelo, luego me subí encima de ella y la pisé con todas mis fuerzas, recuerdo que la pateé hasta que la destrocé. Aquello, evidentemente, no quedaría así. El hombre, malhumorado y lamentándose por la rotura de su aparato, pidió referencias sobre mí. Una vez que supo que la agresora de su herramienta de trabajo era la hija de don Pedro Alcalá, el señor registrador de la propiedad, se presentó en el propio registro al día siguiente. En mi casa nadie dijo una palabra sobre lo sucedido, así que mi padre recibió en su despacho al retratista, quien llevaba la cámara, o lo que quedaba de ella, en una talega. Aquel hombre abrió el saco y le mostró a mi padre el contenido: unas cuantas piezas descolocadas, una tela negra y una gran lente opaca extraída de su sitio. A pesar de ir hasta allí pidiendo responsabilidades, omitió la parte fundamental de la causa que había provocado semejante reacción por mi parte. Mi padre no dudó en enmendar el entuerto zanjando el tema y entregándole la cantidad que aquel señor había considerado que valía su cámara, si bien en su interior sabía que yo, de haber actuado de tal manera, con seguridad no había sido de forma gratuita, aunque en modo alguno disculpaba mi acción. Mi padre no dejó de darle vueltas a la cabeza hasta que llegó a casa y supo toda la verdad. Escuchó atentamente toda mi versión apoyada por la de mis cuidadoras. Una vez fue consciente de lo que exactamente había sucedido, me miró fijamente y me trató de usted, que era la forma que guardaba cuando quería mantener las distancias o si consideraba que debía reprobarme algo.

—Vamos a ver, señorita, ¿me confirma usted que eso lo ha hecho usted por defender a su hermano?

Yo asentí con la cabeza para acto seguido reforzar tal gesto con mi palabra.

—Sí, papá, lo he hecho por defender a mi hermano Pedro.

—Bien, estaba seguro de que habría una causa. Quiero decirte, nenita, que la próxima vez habrás de mostrar idéntica conducta. La familia es algo inquebrantable y hay que defenderla por encima de todo y de todos.

Nunca he olvidado este paternal principio y sigo llevándolo como algo especial y personal, como un distintivo en mi vida.

La dama de negro

Voces de muerte sonaron,
cerca del Guadalquivir.
Voces antiguas que cercan

voz de clavel varonil.
Les clavó sobre las botas
mordiscos de jabalí...

De haber vivido por entonces Federico García Lorca, con toda seguridad hubiera dedicado un poema elegíaco —semejante al que escribió a Antoñito *el Camborio*— a su incondicional amigo. Aquel funesto día 3 de octubre de 1958 la muerte rondaba nuestro hogar y pronto teñiría de negro a una familia en Baena, en la calle Amador de los Ríos, 31. Yo era una adolescente con catorce años, que se sentaba al lado de su padre y que no dejaba de mirarle mientras le cogía la mano.

—¿Qué te pasa, papá? ¿Por qué no me hablas?

Él se me quedaba mirando casi sin fuerzas, pero sin perder la radiante luz que brillaba dentro de su mirada.

—Hija, he vivido como un lobo y fíjate en mí, soy un cordero.

Mi madre, mis abuelos y mis tías Pura, María Loreto, Ángeles y Soledad habían pasado toda la madrugada del día 2 al 3 de octubre pendientes de él junto a su lecho de muerte y, sin embargo, esa misma mañana mi madre había llegado a decir:

—Por Dios, ¡cómo se puede estar muriendo tu padre con ese brillo en los ojos!

Pero a medida que transcurría el día fue empeorando su estado. La esclerosis renal lo había ido minando poco a poco, si bien nunca perdió la conciencia hasta el último momento. No sabían cómo hacernos comprender que papá estaba a punto de desaparecer para siempre, que dejaría de existir para la eternidad y que su vida se apagaría como la llama de un simple candil al que alguien había olvidado reemplazarle el aceite. Pronto sonarían campanas de muerte, al lado de Guadalquivir —como diría Lorca—, pronto la naturaleza se llevaría consigo a su hijo pródigo, al hombre librepensador que había sabido inculcar a sus hijos el respeto hacia el ser humano y hacia ellos mismos. Mi padre seguía suspirando; su respiración agitada, poco acompasada ya, auguraba un final casi inmediato. Nosotros, mi hermano y yo, seguíamos mirando sus ojos ahora cerrados y la desconcertante expresión de su rostro del color del mármol, esperábamos el fatal desenlace sin saber muy bien en qué consistiría ese traspaso de la vida a la no existencia. De repente él tomó conciencia de nuevo tan sólo por unos segundos, quizá por unos minutos, y permaneció erguido en la antesala de la muerte, quiso regresar en un último hálito vital para despedirse de quienes él había engendrado y por quienes tanto cariño había profesado siempre.

—¡Hijos! Agarradme la mano, no me la soltéis...

Los dos, con lágrimas en los ojos, estrechamos fuertemente la mano fría de quien nos había dado la vida, la agarramos con más energía que nunca y la besamos repetidamente. La agonía se prolongó hasta las diez y media de la noche, momento en que mi padre ya emprendería inevitablemente ese viaje sin retorno. Dicen que, en esa antesala de la muerte, el hombre recuerda segundo a segundo todos los acontecimientos que le sucedieron a lo largo de su vida, alguna entidad se los muestra como si de una película se tratara para que él mismo adquiera conciencia de toda su trayectoria vital a través de secuencias ininterrumpidas. Seguro que, en esos momentos previos, mi padre se vio de pequeño haciendo cientos de cometas, que le fascinaban, elevándolas hasta lo más alto del cielo al lado de la playa; leyendo a sus héroes de infancia, a los clásicos literatos que tanta sabiduría le habían aportado; se vería igualmente conduciendo un coche —la mecánica le fascinaba—, fue él quien me enseñó a conducir; se vería dedicando poemas a mi madre, a quien amaba profundamente y por quien sentía una adoración infinita; mil acontecimientos llegarían hasta su recuerdo para finalmente apagarse las luces de repente, como si alguien hubiera desconectado el proyector de golpe y sin pedir permiso...

Cuando todos los relojes marcaron la hora señalada, mi padre pegó un tirón de mi mano y balbuceó sus últimas palabras: «¡Mamá! ¡Mamá...!». Fue en ese instante cuando la cortina del templo se rajó de extremo a extremo para mí, percibí que el mundo se abalanzaba sobre mí y sentí la sensación de que mi casa se derrumbaba piedra sobre piedra, me enfadé con él, me puse furiosa, no podía soportar aquella muerte, aún podía ver tendido en la cama el cuerpo del ser a quien más había querido, ese padre que tanto me había enseñado, con quien tanto me había divertido, en quien tanto había confiado, ese padre que tanto y tantas veces me había protegido y a quien había amado hasta enloquecer.

Quise morirme con él. Mi vida dejó momentáneamente de tener sentido alguno y me enfadé incluso con Dios, con los santos. No he llegado a comprender jamás por qué el destino me arrebató la vida de mi padre siendo aún tan joven, sentía que seguía necesitándolo y al día de hoy no he podido superar el trauma que me causó su desaparición. Estando mi padre de cuerpo presente, alguien entró en la biblioteca y le dijo a mi abuelo que ahora él tendría que ser el padre de mi hermano y mío. Mi abuelo dijo que no, que mi padre era el que estaba allí tendido y que él simplemente ejercería de abuelo. Yo no lo entendí en aquel momento, incluso no acepté de buen grado aquel comentario, sin embargo con el tiempo me di cuenta de que mi abuelo pretendió hacernos ver que un padre es insustituible, él cumpliría fielmente su papel de abuelo, pero una vez que el padre desaparece, nadie puede ocupar su lugar, nadie.

Lo envolvieron en un sudario, una sábana de hilo blanco que sirvió de protección para sus restos mortales, y le taparon la cara con un pañuelo, él lo había dejado dicho, pensó siempre que la muerte era un acontecimiento muy íntimo, quizá lo más íntimo de un ser humano y que nadie tenía derecho a verle su expresión en el llamado «rigor mortis». No podré olvidar jamás cómo lo bajaron hasta la biblioteca sobre una puerta, fue de noche y a oscuras, desde ese momento fui creciendo con fobias hacia la oscuridad, hacia las sábanas blancas... Cuatro cirios encendidos marcaban los cuatro picos del ataúd, la gente comenzó a entrar, y los dolientes velaron durante toda la noche el cuerpo. Al día siguiente se cubrió de luto el pueblo, mientras un gran silencio —sólo roto por acompasados toques de campanas plañideras— acompañaba a la comitiva. Los Caraballo, una familia que trabajó en nuestra casa durante toda la vida, no dudaron en llevar a hombros, parte de ese trayecto, el ataúd hasta la iglesia, luego fueron los dolientes quienes lo alzaron hasta el camposanto donde fue enterrado. Allí, en ese cementerio de Baena, donde de madrugada canta el mirlo y las palomas vigilan en bandadas el sueño de los muertos al abrigo de unos pinos de tronco encalado, se aseguraba el descanso eterno de sus restos. Aquel ambiente impregnó mi recuerdo con sensaciones de rechazo hacia ciertos aspectos de la vida, o de la no vida... Los días que se sucedieron fueron un suplicio para mí, en el colegio lloraba insistentemente recordando a mi padre fallecido, no me pude hacer a la idea, nunca me he podido hacer a la idea de aquella pérdida, y siempre espero ver cruzar de nuevo su figura a través del umbral de la puerta que da acceso a la biblioteca. Imagino una vez más su sonrisa, su profunda mirada y su hermoso pelo. Inconscientemente necesito engañar a mis sentidos, quiero escuchar de nuevo el susurro de su voz grave pero al mismo tiempo aterciopelada, necesito confundir el sueño con la vigilia reviviendo momentos felices a su lado, aunque él haya volado como una golondrina hacia algún lugar impreciso.

Aún hoy, sigo esperando sentada que alguna puerta se abra, que unos pasos delaten al caminante para poder continuar con pláticas interrumpidas, y que el tiempo y el espacio se enquisten en una especie de burbuja que permita perpetuar la memoria de un hombre por quien habría dado mi propia vida, aquella que él me regaló. Su muerte me sumió en un profundo trauma del que me ha sido imposible salir.

Mi abuelo Víctor

Era el año 1889 cuando nació mi abuelo Víctor Rubio Chávarri. Fue un 20 de enero, en la ciudad de Priego de Córdoba. Era un hombre de facciones correctas, no muy alto y bastante delgado. Hasta donde pudo, defendió a ultranza las cuatro premisas en las cuales él decía que se basaba su existencia y la de todo ser humano, y las que consideraba pilares fundamentales para establecer una sociedad digna y justa: la verdad, la justicia, la solidaridad y la libertad. Proclamaba con honor que por lo único que un hombre puede perder la vida es por la libertad. La libertad es un arma difícil, porque hay que saber utilizarla. Para poder consolidar tales ideales mi abuelo afirmaba que era necesario algo tan importante como la cultura con mayúscula. No se hizo esperar en su formación académica, con tan sólo dieciocho años se había convertido en un destacado abogado. Eran los tiempos en que nacía el movimiento cubista por obra del pincel de Picasso, año también en que el gobierno británico volvió a plantear su oposición al proyecto de construir un túnel bajo el canal de la Mancha, y año en que se produciría el nacimiento del príncipe de Asturias, hijo de Alfonso XII. Los diarios recogían la noticia en grandes titulares:

> A las 12.30 horas de la mañana de hoy ha nacido el primogénito de los reyes de España, al que se impondrá el nombre de Alfonso, como su padre... El recién nacido tiene ojos azules y pelo rubio y pesó 4 kilos en el momento de nacer...

En 1910, cuando mi abuelo contaba veinte años fue elegido alcalde de Priego y pasante del despacho del que luego fue jefe de Estado de la Segunda República Española, don Niceto Alcalá Zamora, el gran amigo y maestro de mi abuelo al que todos respetamos. Así pues, desde el mismo día de mi nacimiento, yo recuerdo haber visto siempre en mi casa una fotografía de grandes dimensiones que reproducía la imagen de Alcalá Zamora, foto que siempre ocupó el mismo sitio en el despacho y que jamás nadie mostró intención de retirar. Ni tan siquiera en plena guerra civil mi abuelo se deshizo del retrato. Sobre la foto se captaba la imagen de don Niceto sentado con su perro y con semblante equilibrado mientras miraba hacia el objetivo.

Mi abuelo contrajo nupcias con doña Gabriela Sánchez Carrillo, de quien mi madre heredaría su nombre. Él amó profundamente a su mujer hasta el punto de que, aun después de fallecida, siguió honrando su memoria sin sentir la necesidad de volverse a casar. Hasta tal grado le guardó luto y respeto que sus hijas incluso le llamaban —en sentido cariñoso y con gracejo andaluz— «el casto José». Aquel hombre amable, generoso e infinitamente bondadoso siempre tenía un gesto agradable para todo el mundo. No recuerdo jamás que mi abuelo Víctor me regañara, en definitiva no se trataba de mi padre, ni pretendía ejercer como tal, al contrario —como dejó claro el día de la muerte de mi padre—, él desempeñaría el papel que la vida le había brindado al convertirlo en el abuelo de sus nietos, y por ello era más condescendiente conmigo de lo que había sido con sus hijas. Ya dije que con mi abuelo tenía mucha complicidad, ésta es la palabra que mejor definía nuestra relación. Sin lugar a dudas, él era totalmente consciente desde un principio de que debía ser nuestro abuelo y que no ocuparía un papel que en modo alguno le correspondía. Sólo a través del diálogo podía convencernos, y así lo hacía, pero nunca a través de la imposición, pues eso correspondía a un padre. Su personalidad se podría definir con las siguientes características que siempre admiré: una exquisita educación que ponía en práctica a cada momento; una gran naturalidad que hacía de él un hombre seguro y convincente; una infinita sencillez a la hora de actuar, a la hora de comportarse, que le otorgaban una imagen digna de un caballero; un fuerte autocontrol, una inmensa responsabilidad y un colosal sentido de la solidaridad y de la ayuda social que hacían de él un ser entrañable y comprometido con las causas más difíciles, eso sí, nunca sabiendo su mano derecha lo que hacía la izquierda. Aprendí de mi abuelo la espiritualidad que irradiaba en cada uno de sus comentarios, siempre nos decía que con el Evangelio —que se sabía de memoria— y con el *Quijote*, puestos perennemente en la mesilla de noche como libros de imprescindible lectura, podría andar por todo el mundo, pues ahí quedaba concentrada la sabiduría necesaria para afrontar cualquier problema frente a la propia existencia. Era además un magnífico pedagogo, aprovechaba cualquier circunstancia para extraer conclusiones filosóficas a través de parábolas y ejemplos de la propia vida. Me contaba historietas, me ejemplificaba con su propia experiencia, me hacía razonar desde un punto de vista filosófico para comprender mejor el contenido que me quería transmitir. Así pues, si por algo se sentía atraído además de por el Evangelio era sin duda por el acto de filosofar, como no podría ser de otra manera para un gran amante de Sócrates. Aunque, eso sí, intentaba casar dos conceptos tan aparentemente dispares como la filosofía y la religión. Sus conversaciones en este aspecto me daban a entender que la realidad filosófica y la realidad religiosa, lejos de ser oponentes, en el fondo se daban la mano. Sólo se necesitaba comprender lo potencialmente entendible y tener fe sobre lo aparentemente no empírico, para poder admitir, aceptar, tolerar o asimilar «realidades» que él consideraba, en el fondo, «convergentes». Sobre esta base se sustentaba su creencia y él actuaba en consecuencia para poder aceptar y explicar una existencia que de otra forma no tendría ningún sentido. Yo nunca conocí a mi abuelo con un ataque de ira, estoy segura de que en sus últimos diez años de vida había alcanzado una especie de paz interior, una forma de tranquilidad espiritual que lo convertía en un ser excepcional, totalmente desapegado hacia aquellas cosas que él consideraba de poca importancia; para él lo verdaderamente trascendental radicaba sólo en el amor, la amistad y el cariño por los suyos. No en vano implantó una máxima para nuestra familia, un lema que mantuvo hasta el final de sus días: «Nada de lo que no te lleves con la muerte tiene valor».

Pero ni mi abuelo Víctor ni nadie de la familia Alcalá podrían presuponer, siquiera vagamente, que yo, aquella niña a quien tanto habían cuidado y protegido, poco tiempo después se convertiría en una frágil muñequita de cristal en manos de alguien que demostró ser tan diestro en el ruedo como zurdo y escaso de principios ante la vida.

¡Cosas del destino!

Capítulo II

MI VIDA CON JAIME

EL BRINDIS

Nuestra boda fue la culminación de un proceso que comenzó un martes, día 24 de mayo de 1960, un martes que amaneció espléndido. Radio Nacional de España retransmitía la muy poco cordial acogida que el generalísimo Franco tuvo en Barcelona, tras la que regresaba a Madrid sin esperar a que se inauguraran ni la estación de ferrocarril en el paseo de Gracia ni la Feria de Muestras. Ese mismo día yo sufría una fuerte sinusitis, así que salí del colegio de la Asunción de Málaga —lugar donde estudiaba— y viajé acompañada de mi madre hasta la ciudad de Córdoba, donde ya teníamos cita con el especialista. Yo era una chica de apenas dieciséis años, y aquel día de primavera me sentía tranquila a pesar de mi enfermedad, claro que estaba muy lejos de saber las sorpresas que me depararía la tarde en la bella ciudad de la Mezquita. En la

Córdoba sultana y mora, en la tierra de Julio Romero de Torres —el que pintara a la mujer morena—, en esa Andalucía profunda donde se mezcla la tradición con el folclore y donde confluyen culturas milenarias, tendría lugar ese día una importante expresión del arte taurino. El cartel, formado por tres grandes figuras del toreo —Antonio Ordóñez, Pepe Casas y Jaime Ostos—, no significaba gran cosa para mí, puesto que jamás había asistido a una plaza de toros. Sobre la una de la tarde me encontraba junto a mi madre en el hotel Córdoba Palace; habíamos elegido el bar para reunirnos con unos buenos amigos de la familia, los Benítez Cubero, quienes a su vez estaban acompañados del tío de Jaime, don Antonio Centeno. Fue entonces cuando llegó él, el diestro de moda, a la reunión de la familia, y cuando me fue presentado. La presentación nos la hizo su tío Antonio Centeno, que había ido a Córdoba para asistir a la corrida de su sobrino. A Antonio le sigo llamando tío porque así lo consideré, un hombre maravilloso al cual quise hasta el último día de su vida y del que sigo manteniendo un recuerdo amoroso. Recuerdo con cariño aquel primer encuentro, la fecha precisa —24 de mayo de 1960— y todos los detalles de nuestra conversación, al contrario que Jaime, quien en tan sólo diez años había borrado de su memoria ese momento, que para mí fue tan importante, pues equivocó completamente la fecha y las circunstancias en la entrevista que Vicente Martínez Zurdo le hizo para la revista *El Ruedo* (27-I-70). Él lo narraba de esta forma:

—Jaime, ¿cuándo conoció a María Consuelo?

Y me dice que la conocía de toda la vida. Casi no me entero si es una afirmación telúrica, real o filosófica. Y enseguida continúa:

—Pero la vi por primera vez el 25 de abril de 1960. Era la Feria de Córdoba.

Es más que evidente que esa fecha no corresponde a la celebración de la Feria de Córdoba y que, por consiguiente, Jaime confundía el día de nuestro primer encuentro. Una vez hechas las presentaciones, estuve un momento con Jaime, me recuerdo a mí misma completamente deslumbrada, aunque en realidad su nombre y su popularidad tampoco me decían nada, y menos aún su fama de seductor y de hombre de éxito que estaba en la cresta del mundo de «la fiesta» por entonces y que incluso había sido galardonado el año anterior con el importante trofeo Manolete de Córdoba. Jaime también se quedó igualmente obnubilado y en un lance de torero me invitó a la que sería la primera corrida de toros de toda mi vida, lidia que tendría lugar a las seis de esa misma tarde. Después de comer nos dirigimos todos contentos al coso. Yo estaba absolutamente impactada con tanta espectacularidad, jamás, hasta ese momento, había presenciado nada semejante, los toreros vestidos de grana y oro hacían su paseíllo hasta el centro de la plaza y la banda tocaba un maravilloso pasodoble. Todo en aquel ambiente resultaba fascinante para mí. Tanto público, tantas ovaciones e incluso el propio ritual de la fiesta me causaban una inmensa impresión. Mi vida siempre había pasado entre libros, intelectualidad y conversaciones filosóficas con mi padre y con mi abuelo y todo aquello difería fuertemente de mi entorno más cotidiano. En el segundo toro de la tarde, Jaime se vino hasta mí y me brindó ese animal. «¡En octubre nos casaremos!», me dijo. En realidad yo no tenía el más mínimo conocimiento de cómo debía actuar ante ese bonito detalle del brindis, no sabía ni tan siquiera que debía levantarme, aunque alguien acabó por decírmelo. Yo pensaba morirme, aquel brindis me dio mucha vergüenza, todo el mundo me miraba, y al mismo tiempo también me desconcertó: ¿cómo alguien, por muy figura del toreo que fuera, después de haberme brindado ese toro me pedía que me casara con él si sólo habíamos cruzado dos palabras y ninguno teníamos un mínimo conocimiento del otro? Recuerdo que intenté mantener una sonrisa que correspondiera con la de aquel atractivo torero de moda que acto seguido consiguió hacer una brillantísima faena recompensada con las dos orejas de la tarde. Los espectadores que oyeron tan original brindis no pudieron por menos que sonreír igualmente en medio de aplausos mientras la montera del matador volaba por los aires. Poco después, una vez finalizada la corrida, el tío Antonio Centeno me advirtió que era de recibo subir hasta la habitación de Jaime para darle las gracias. Yo opté por subir para agradecérselo, acompañada de mi familia y de nuestros amigos, si bien no dejé de experimentar ante todas estas circunstancias un constante e incesante pudor. Ya en la habitación del hotel, Jaime me repitió su deseo delante de todo el mundo: «Quiero casarme contigo». Yo, en un arranque de sentido común, no hice excesivo caso a la petición y acabé mirando al suelo. Cómo iba yo a entender que un hombre se quisiera casar conmigo sin conocerme. Además, mi familia ya se encargó de hacerme algunas advertencias al respecto, no hubieran permitido nunca que nadie, por muy torero que fuera, se hubiera reído de mí y yo no estaba segura de si era eso, precisamente, lo que Jaime buscaba. Evidentemente, él insistiría hasta la saciedad en conseguir materializar aquella idea casi obsesiva. Cuanto más me resistiera, más lucharía, poniendo en práctica todas sus armas hasta ver conseguido su fin. Por mi lado, seguía tomando la petición de compromiso como una especie de broma sin mayor trascendencia. Más tarde, después de los exámenes, viajé hasta Sevilla y allí permanecí una temporada en casa de mi abuelo Víctor.

Llegó el día del Corpus y Jaime me volvió a llamar, toreaba en la Maestranza esa tarde y quiso invitar a mi familia una vez más a la corrida. Desde entonces no dejó de enviarme flores y regalos. Mis tres tías —hermanas de mi madre, que vivían en casa de mi abuelo Víctor— se tomaron muy en cuenta la incesante insistencia del que llamaban «el torero» y sobre todo intentaron aconsejarme seriamente, ya que debido a mi juventud podría tomar una decisión precipitada o equivocada. Ellas se sentían responsables del adecuado transcurso de mi adolescencia. Así que intentaron evitar cualquier posible encuentro entre nosotros. A esas alturas ya había llegado a mis oídos que Jaime tenía intención de irme a buscar y de esperarme a la puerta del colegio. «El torero» —por encima de cualquier posible impedimento y sólo con la fija idea de conseguir su meta— me seguía llamando insistentemente. Al mes siguiente viajé a Lanjarón junto a mi madre, mi hermano y mi tía Sole. Transcurridos algunos días, Jaime me localizó y no dudó en viajar hasta allí con sus intenciones más claras que nunca: la de pedir oficialmente mi mano y la de que de una vez por todas me lo tomara en serio. Hacía un año y medio que mi padre había fallecido, por lo que mi potestad recaía en mi madre. Así que Jaime intentó convencerla a ella y a mi tía para obtener su beneplácito, les hizo ver con mil argumentos distintos que no se trataba de ninguna historia pasajera, que su intención era la de formalizar la relación, casarse conmigo y respetarme para el resto de su vida, y que nunca había estado tan seguro de haber querido hacer algo semejante. Considerando tal situación, mi madre le hizo una serie de advertencias, las lógicas advertencias al respecto de una decisión tan importante. Ella aludió a mi extremada juventud y en cualquier caso dejó claro que sería yo quien debía tomar la última decisión. Tampoco podía oponerse de manera explícita a aquella relación pues se repetía ahora en su hija la misma circunstancia que antes había ocurrido con ella, que también se había casado siendo apenas una niña.

Poco tiempo después y estando aún de medio luto —no en vano en Córdoba era conocida como «la niña de luto»— viajé hasta Casteldeferro, en Granada, junto a mi tía Sole. Allí, de nuevo, fui localizada por Jaime y seguí recibiendo regalos. Unas veces eran flores, otras me compraba tabaco, en verdad me daba muestras muy claras de que me quería y yo me llegué a enamorar como una tonta del «torero». Jaime me cautivó con su arma más preciada, la seducción, y me conquistó definitivamente con una promesa que para mí significaba casi la supervivencia: la protección. Sin duda esto último resultó ser definitivo. Aparte de que en aquella época Jaime era conmigo muy cariñoso, muy afectuoso, pensaba sobre todo que iba a protegerme de la vida como lo había hecho mi padre, por eso acabó conquistándome y por eso yo me di a ese hombre, no por ser Jaime Ostos, el torero en plena efervescencia, puesto que a mí eso me importaba bastante poco, sino por ser el hombre que aparentemente me amaba, que aparentemente me deseaba y que aparentemente me respetaba.

Pasado el verano, volví a Baena, y luego a Sevilla. Durante todo este tiempo Jaime no había dejado de insistir, continuaba llamándome repetidamente y me decía que yo era la persona que más quería en su vida, me regalaba el oído con palabras bonitas y, para qué engañarnos, me hacía sentir una mujer querida, una persona amada... Me fui enamorando poco a poco... Así que cuando me preguntó de nuevo que si me quería casar con él, yo le respondí finalmente que sí.

Días de matrimonio

Terminado nuestro viaje de novios regresamos a Andalucía. Nuestra casa conyugal era un enorme chalet situado en la calle Luis Montoto, 122, de Sevilla, propiedad de Jaime. Se trataba de una casa de cuatro plantas con un bonito y cuidado jardín y una piscina, que requería de criados; teníamos mucho personal para poder mantener aquella residencia y la dirección de la misma recayó desde el principio en la tía de Jaime Ostos. Tengo un buen recuerdo de ella, pero reconozco que tenía mucha mejor relación con su marido, el tío político de Jaime. A pesar de las buenas relaciones, desde el principio comenzaron los manejos de la tía de Jaime conmigo. Continuamente me decía cosas como: «No te pongas rímel en las pestañas», «no te pongas pintalabios»... Yo respeté la actitud de quien parecía llevar desde el principio las riendas de la casa, si bien no compartía muchas veces sus opiniones, sus juicios o sus mandatos, que no eran más que el producto de un choque generacional. Por este mismo motivo siempre la disculpo, incluso pienso que no era fácil aceptar a una nueva compañera de Jaime, ya que él acababa de terminar una relación con una mujer sevillana que había frecuentado aquella residencia mientras salía con Jaime y es probable que para entonces se hubieran establecido ciertos lazos de afectividad entre aquella novia anterior y la familia de Jaime. Con todo, mi madre había solicitado los servicios de una doncella para que me atendiera en aquella casa, si bien yo lo único que buscaba, más que doncellas, criadas o damas de compañía, era simple y llanamente la afectividad y el cariño de cuantos me rodeaban, afectividad y cariño que no dudaron en darme ni Diego —el mozo de espadas de Jaime— ni su familia, quienes vivieron entre aquellas paredes desde el instante en que contrajimos nupcias y quienes también, ¡cómo no!, fueron testigos de excepción de los muchos sufrimientos por los que tuve que pasar. Otra persona que se preocupó por cuidarme y entretenerme fue el tío Antonio Centeno. Mientras Jaime hacía su vida, vida de salir, de estar con el toro, de entrenarse, de acudir a las corridas, etcétera, su tío intentaba mantenerme distraída, y como vivía muy cerca de nosotros siempre se mostraba preocupado por mí. La verdad es que entre todos me ocultaban muchas cosas respecto a los deslices de Jaime, creo que ése era el motivo real de tanto entretenimiento. Muchos otros días cuando Jaime estaba fuera durante algún tiempo, yo prefería irme a casa de mi madre. La verdad es que en la residencia conyugal estaba sometida a una fuerte presión desde varios frentes. Si me encontraba mal, la tía de Jaime no dudaba en advertirme: «Consuelo, si estás mala no se tiene por qué enterar Jaime, él en lo único que tiene que pensar es en torear, es lo más importante, cuando torea no se le puede entretener con nada, tenlo en cuenta». Así que yo asumía aquella situación con total serenidad y con la fortaleza que me habían enseñado a tener, aunque era evidente que aquellas circunstancias no llenaban mi vida, no lograban colmarla porque yo era una mujer que en mi fuero interno me sabía luchadora, emprendedora y poseedora de mil inquietudes hacia la vida, inquietudes truncadas muchas veces por circunstancias que en realidad no busqué.

Días antes de la Feria de Abril de 1961, se celebraba la puesta de largo de una de las sobrinas de la duquesa de Alba, en un evento que tendría lugar en el palacio de las Dueñas en Sevilla. Fuimos invitados como la pareja de moda, yo tenía previsto asistir luciendo un esplendido traje de Dior comprado por una prima mía. Me probé el traje con mucha antelación y busqué los complementos más idóneos con el fin de agradar a Jaime, y albergando mil ilusiones de juventud en mi interior. Ese día, recién peinada, debidamente maquillada y luciendo un vestido de incomparable belleza, me dispuse a bajar la escalera de mi casa como una princesa, con la alegría de los diecisiete años. Coloqué mi mano derecha en el pasamano y con la izquierda levanté el vestido para bajar parsimoniosa y elegantemente, con una sonrisa dibujada en la boca. Mi comisura se estrechó justo en el momento en que Jaime me vio descender, casi en el último peldaño. Él me miró de arriba abajo, puso cara de circunstancia y me espetó: «Me das vergüenza, con una mujer como tú no me atrevería a ir a ningún sitio». Yo lo miré fijamente y no fue necesario pronunciar palabra alguna para saber qué albergaba su corazón, me encontré de inmediato alimentando lágrimas de impotencia y de rabia interior, pensé que me moría, subí al dormitorio y comencé a llorar desconsoladamente. Me sentí un gusano, pero sabía que debía recomponerme, secarme las lágrimas e intentar ser fuerte para cuando vinieran a recogernos. Hecha polvo, con las ilusiones cada vez más rotas, no tardé en volverme a vestir presentándome ante aquel peculiar juez de la manera que a él le agradaba. Pronto pasaron a recogernos el fallecido pintor Romero Ressendi y su esposa, amigos de la familia, y una vez más, puse mi mejor sonrisa hacia quienes no eran capaces de intuir ni remotamente la paulatina merma psicológica por la que comenzaba a pasar. Aquí empezaba a cimentarse la humillación del hombre consagrado a la mujer más joven, una humillación que comenzaba por atacar mi mente para hacerme sentir un ser inferior. Mi humillación comenzó en el momento en que Jaime consiguió vulnerarme psíquicamente. Era una sensación de tener siempre la culpa de todo, de ver cómo se quebraba la autoestima, de romperte por dentro... Yo era muy joven, y eso jugaba en mi contra, lo sé, y también la educación de ese momento, y sobre todo la sociedad de la época. Me sentía francamente un ser inferior, pero debía callar y sufrirlo todo... todo, siempre callar y acatar lo que él mandaba, aguantar hasta no poder más. Y aquello no se quedó sólo en la parte psicológica, fue mucho más allá. Hubiera sido una deshonra para mi familia haber dicho o hecho algo a este respecto, jamás quise perder mi dignidad, JAMÁS, el haber dicho algo en aquella época era una indignidad y pensé que lo mejor era tragármelo todo, pudrirme por dentro, pero tragármelo, digerirlo, poco importaba yo como mujer... Sé que si mi padre hubiera vivido, de haberlo sabido, no lo hubiera tolerado, no lo hubiera permitido en modo alguno, y muchas veces me encomendaba a mi padre y a mi abuelo Víctor, y ahora también lo sigo haciendo, pero ya, afortunadamente, por otros motivos bien distintos.

No me es fácil hablar de aquella convivencia —o mejor «malvivencia»— y me derrumbo por momentos, me cuesta trabajo el simple hecho de recordar la dureza de unas circunstancias que aun debiendo estar encallecidas se reblandecen con frecuencia. Es muy usual para mí dar rienda suelta a un llanto desesperado cuando intento rememorar aquella época, fue una etapa de mi vida cuando menos lamentable, cuando más despreciable por parte de quien cree que la supremacía, la valía y el tenerse que demostrar a sí mismo que se es un macho radicaban en pegar a su mujer.

Cuanto más brillaba Jaime en su carrera como matador de toros, cuanto más lo aclamaban las masas en el ruedo, más se crecía ante la vida, un crecimiento mal entendido, sin duda, y con seguridad penosamente puesto en práctica. Jaime confundió el mito, se confundió a sí mismo, era incapaz de saber cómo debía comportarse en cada momento. Yo intentaba por todos los medios no contrariarle, agradarle hasta la saciedad, pero esto me servía de muy poco pues sus humillaciones no sólo seguían produciéndose, sino que la situación iba empeorando aún más hasta el punto que recuerdo como uno de mis peores momentos junto a él el hecho de no haberle dado hijos de inmediato. Después de casados, Jaime anhelaba sobremanera que tuviéramos descendencia, pero ésta no se produjo hasta un año y medio después de nuestra unión. Durante ese tiempo él no hacía más que despreciarme, me decía cosas como «No sirves ni para darme hijos... Te voy a repudiar», y me llevaba insistentemente al ginecólogo. Éste no ayudó demasiado a solventar aquella situación al emitir un desacertado diagnóstico: nos advirtió que jamás podríamos tener hijos ya que yo, «desafortunadamente», tenía la matriz infantil. Sin embargo, poco tiempo después, para mi «consuelo» y contra todo pronóstico, quedé embarazada. Aquel período de gestación tampoco fue muy positivo para mí, sufrí al séptimo mes de embarazo una parálisis facial. Fui tratada por un neurólogo en Granada, la ciudad de la Alhambra, y recuerdo mi temor a mirarme en los espejos; el día que al fin me miré en uno y me pude ver sonriendo con ambos lados de la boca me puse a pegar saltos de alegría. Parece ser que todo fue un simple tema nervioso... A mí lo que realmente me importaba es que mi hija naciera bien.

El *glamour*

A Jaime, como destacada figura del toreo que era por entonces, le gustaba rodearse de intelectuales, actores, políticos y maestros consagrados del arte de la tauromaquia, con quienes además solía encontrarse como pez en el agua. Era muy dado a organizar tertulias taurinas en casa al igual que grandes y *glamourosas* cenas. Jaime era muy hogareño, odiaba salir a fiestas porque no podía soportar el alcohol, pero sí le gustaba reunirse en casa con los amigos, y por supuesto casi siempre se trataba de invitados importantes. A mí me gustaba escuchar sus conversaciones, oír sus anécdotas, y me quedaba anonadada, tengo muchos recuerdos, por ejemplo, de Ava Gardner, Audrey Hepburn, Orson Welles, del general Perón... y claro, el día que conocí a mi actor favorito me quedé impresionada por su belleza. Me refiero a Anthony Quinn, quien, recién comenzada la década de los sesenta, rodaba en Sevilla una de sus películas. El actor mejicano, que por entonces ya había conquistado Hollywood con películas como *Black Gold*, *Ulysses*, *La Strada*, o *¡Viva Zapata!* —esta última junto a un espléndido Marlon Brando—, aprovechaba el breve descanso de la mañana para jugar junto a Jaime al frontón y quedarse incluso a comer en casa. Nosotros estábamos recién casados y solíamos invitarlo con frecuencia. Confieso que yo lo tenía totalmente mitificado, idolatrado. En realidad Anthony Quinn a mí me trataba por entonces como lo que era, una niña, pero se deshacía en atenciones y elogios hacia mi persona y, claro, yo se lo agradecía enormemente.

Otra de las cenas que recuerdo fue la que tuvo lugar en Puerta de Hierro, en la calle Navalmanzano, número 6, en la casa de Juan Domingo Perón y su esposa María Estela Isabel Martínez, a quien había conocido el general en un *night-club* de la ciudad de Panamá durante los primeros días de su exilio político, y que con el tiempo, cuando Perón fue reelegido presidente en 1973, llegaría a ostentar el cargo de vicepresidenta, y posteriormente, tras la muerte de su marido, incluso el de presidenta de la nación de Argentina. Sin embargo, cuando Jaime y yo fuimos invitados por el derrocado presidente, lejos estaba nadie de pensar lo que aún les depararía el destino. Por aquel entonces, después de su derrocamiento, el general Perón había venido a vivir a España en esa casa que se decía que le había regalado Franco. Los recuerdos que tengo de aquella noche son los de un Perón sonriente, llano, sencillo, comedido, tranquilo, que nos hablaba de cómo cultivaba las plantas de su jardín y de cómo hacía las faenas del hogar. Isabel también se mostró muy amable y con mucha etiqueta. Mientras Jaime y Perón hablaron de toros, Isabel y yo nos contamos nuestra vida, y también hubo lugar para la política. En esos años se había hablado mucho del cadáver embalsamado de Evita, incluso se había llegado a decir que lo tenían en el sótano de la casa, algo que no era cierto puesto que no fue hasta principios de los setenta cuando le trajeron la momia desde Italia. La verdad es que, a pesar de todo, para mí supuso algo misterioso todo aquello, incluso saber que estaba al lado de un ex presidente que por entonces se había convertido en toda una leyenda, aunque no tanto como su mujer, Eva Perón.

También conocimos a Picasso en Francia. El genio malagueño, que había ido a ver una corrida en la que toreaba Jaime, no dudó en invitarnos a La Californie, aunque recuerdo que aquel anhelado encuentro no pudo tener lugar por las prisas de Jaime en cumplir sus contratos en plazas españolas, por lo que pronto debimos regresar a España. Fue una verdadera lástima. Recuerdo a Picasso allí entre el público totalmente concentrado en la faena de los toreros. Asistió sobre todo porque toreaba Luis Miguel Dominguín y el pintor adoraba a su mujer, Lucía Bosé. De igual modo recuerdo los encuentros con Orson Welles. El primero de ellos fue en nuestra propia boda, pero se fueron sucediendo muchos más a partir de entonces. Nos contaba a Jaime y a mí que era un enamorado de España y que cuando, en 1933, vino por primera vez a nuestro país, sintió como si en otra vida hubiera sido español. Le gustaba tanto España que en una de nuestras cenas, estando presente Antonio Ordóñez, gran amigo del cineasta, nos dijo que cuando muriera quería descansar en uno de los pozos de la finca que el torero tenía en Ronda; recuerdo que lo dijo con mucha seriedad y yo me quedé un poco perpleja. Welles me contaba alguna que otra anécdota y hablaba sobre la dificultad que le había supuesto el haber encarnado un personaje como sir John Falstaff. Comentaba Orson Welles que era un gran reto para él seguir interpretando a Shakespeare, le costó gran esfuerzo a todos los niveles el poder representar el personaje de Falstaff, pero lo consiguió, y lo llevó a cabo gracias al español Emiliano Piedra y a los productores suizos. Hablaba así del rodaje de la película *Campanadas a medianoche*, que se rodó íntegramente en España, y también contaba anécdotas de su obra maestra, *Ciudadano Kane*... Era inmenso lo que suponía para mí, siendo una joven con muchas inquietudes, tener la posibilidad de poder intercambiar impresiones con semejantes personajes. La verdad es que yo absorbía como una esponja todo cuanto me contaban.

Entre tantas estrellas y tanto *glamour* me encontré, sin esperarlo, retratada en alguna revista de la época junto a la gran actriz Ava Gardner con un titular como el que sigue: «¿Con quién se quedará Jaime Ostos?». La famosa actriz había elegido España como lugar de residencia desde 1954 —según ella misma afirmaba porque aquí encontraría la libertad que Hollywood le negaba— y la verdad es que en nuestra tierra había encontrado sus tres grandes pasiones: el flamenco, las juergas nocturnas y los toreros. Ava Gardner había conquistado con su belleza a más de uno de moda, entre ellos a Jaime y, cómo no, todo el mundo lo supo, salió en todos sitios y era comidilla del país entero, a Luis Miguel Dominguín, ante quien cayó locamente enamorada. Yo conocí a Ava Gardner en la Feria de Sevilla en el año 1960, siendo aún novia de Jaime, y me pareció una bellísima mujer, aunque yo la veía muy mayor, claro. Dado que toreaba Luis Miguel Dominguín, apareció en el vestíbulo del hotel Miramar. La recuerdo con un traje de chaqueta blanco y lunares negros, su aparición fue espectacular, todos los toreros estaban pendientes de ella y su mirada los dejaba encandilados. Conmigo estuvo encantadora, a pesar de que se había dicho de ella que era una mujer de mal carácter y de armas tomar. Recuerdo que por entonces me fije en un detalle de Ava Gardner y es que sus pies me parecieron demasiado grandes. Luego, al entrar en la plaza de toros, se sentó y por supuesto captó la atención de todo el mundo. Mi hija María Gabriela, con el tiempo, llegó incluso a comer con ella en el hotel Alfonso XIII de Sevilla. Desde luego era una mujer que llamaba la atención a cualquier hombre. De igual modo conocí, entre otros, a la también actriz hollywoodiense nacida en Bélgica, Audrey Hepburn, y a su marido, el actor de origen mexicano Mel Ferrer. Me fueron presentados en Marbella. Fuimos invitados a comer con los condes de Quintanilla, ahora condes de Romanones, y Mel Ferrer, que cayó a mi lado, estuvo encantador conmigo. Me encandilaron su educación y sus exquisitos modales. Luego fuimos a darnos un paseo en barco y me entró un gran mareo. Recuerdo que Mel Ferrer, veloz como un gamo, fue a buscar hielo y me lo puso en las muñecas.

En 1963, el director de teatro José María Tamayo llevó a escena *Calígula*, de Albert Camus, protagonizada nada más y nada menos que por el gran actor madrileño José María Rodero. Al estreno, que fue en Madrid, asistimos Jaime y yo, y recuerdo con admiración y nostalgia a ese gran hombre de la escena, a Rodero. Tengo grabadas muchas anécdotas de aquella noche. Rodero hizo una interpretación soberbia, realmente parecía que estaba loco una vez que muere su hermana, que a la vez era su amada. Me hizo llorar una escena, la décima del acto primero. Yo estaba junto a Jaime e intentaba entender nuestra situación a partir de las reflexiones a las que invitaba la interpretación de Rodero. En esa escena venía a decirse que la ausencia de valores nos hace más libres al entenderse que nada es importante, pero si existen valores es porque hay cosas más importantes que otras y entonces la libertad queda limitada por ellas... ¿Quizá entonces yo no era importante para Jaime? ¿Por qué él no limitaba «su libertad» atendiendo a una escala de valores? ¿Acaso él no los tenía?... Aquella reflexión me hizo derramar lágrimas y quise conocer al actor que había conseguido que yo estuviera en tal estado viendo su actuación. Recuerdo que Jaime y yo fuimos al camerino y allí Rodero nos advirtió de algo curioso, nos dijo que aún no entráramos, que no había dejado de ser Calígula y que necesitaba unos minutos para retomar su personalidad. Luego, cuando ya nos pudo atender, mantuvimos una interesante conversación con él, nos dijo que ser actor no era otra cosa que entenderse a sí mismo, convertirse en otro y llegar a comprender a «ese otro», sólo así ese personaje tomará conciencia de la realidad y dejará de ser un simple monigote plasmado en un papel por la mano de algún escritor. Yo le di las gracias por haberme hecho partícipe de este personaje y, lo que es más importante, por haberme hecho comprender aspectos de la tragedia que no eran sino aspectos de mi propia vida. Para entonces había llegado a comprender que no era feliz, cambiaba todo ese *glamour* por una sola cosa: el cariño de mi marido. Claro que, además de estos espectaculares encuentros, también recibía en casa otras visitas no menos importantes, sobre todo para Jaime, quien para entonces no podía pasar ya sin sus tertulias taurinas de la mano nada más y nada menos que de —entre otros— Rafael *el Gallo* y Juan Belmonte. En el año 60 iban a comer a casa y hablaban con Jaime de toros, él los tenía realmente idolatrados. Me llamaba mucho la atención que Jaime, que no era especialmente simpático, con ellos guardara tan educadamente las formas y fuera tan atento. Recuerdo que los llamaba maestros y los trataba con un grandísimo respeto. El Gallo siempre venía con un pañuelo blanco en el cuello y fumaba un gran puro. Yo ponía mucha atención a todo cuanto decían en estas reuniones, ya no tanto por lo que contaran sobre los toros, que a mí me interesaban menos, como por las anécdotas que sabían y que eran aplicables a la vida. Siempre consideré a El Gallo como a un gran filósofo, un gran sabio, y eso que no tenía cultura, de él es la frase «lo que no puede ser, no puede ser, y además es imposible».

En aquellas tertulias taurinas, Jaime hacía alusión a la manera de torear de El Gallo, decía cosas como:

—Maestro, usted es un torero clásico, con el arte de torear de la Escuela Sevillana.

Entonces Rafael encendía su puro mientras miraba a Belmonte y contestaba:

—Yo lo que hago es un toreo gitano que se puede acompañar con guitarra.

En realidad El Gallo era por antonomasia el torero gitano. Los entendidos afirmaban que inventó muchos pases. También Belmonte fue un torero ejemplar, tomó la alternativa de la mano de Machaquito teniendo como testigo al propio Rafael *el Gallo*, que siempre sería su apoyo moral y su inevitable referencia.

Tras el exhibicionismo de los grandes maestros del toreo yo busqué siempre el verdadero trasfondo de sus personalidades, intenté extraer lo positivo de cada uno de ellos, indagar sobre lo que cada uno pudiera enseñarme; en realidad lo que más me interesaba era lo que se encerraba tras la carcasa del personaje y quise aprovecharlo como enseñanza para mi propia supervivencia. Así pues, una de las máximas con que me quedaría sería sin duda la de ese filósofo gitano, Rafael *el Gallo*: «Las broncas se las lleva el viento, y las cornadas se las queda uno», y si bien el maestro se refería claramente a las cornadas que daba el toro, yo recibía otras mucho más duras: las de la propia vida.

Nuestros hijos

María Gabriela Ostos Alcalá nació en la madrugada del 24 al 25 de febrero del año 1962. El nacimiento se produjo a las 00.25 horas de la noche en Baena, en la clínica privada de un ginecólogo amigo de la familia, el doctor Marina Valverde, y atendiéndome se encontraba una matrona también conocida de la familia, doña Isabel Huertas. Jaime no estuvo presente en el nacimiento, se encontraba toreando en Tenerife y conoció a su hija tres días después de haber visto la luz. No obstante, aquel primer hijo supuso para él una inmensa alegría, le hizo tanta ilusión el sentirse padre que no dudó en premiarme con un impactante coche descapotable blanco encarrozado en Italia con lujosos asientos de cuero. Durante la cuarentena permanecí en casa de mi madre, y en ese período la niña empezó a presentar problemas de asimilación de la lactosa. Jaime, aunque dando prioridad a sus compromisos profesionales, pues seguía yendo y viniendo de los entrenamientos para prepararse para la Feria de Sevilla, buscaba leches especiales en todos los laboratorios para la niña. Él sentía por nuestra hija recién nacida un cariño que llegaba a emocionar. Por supuesto, yo estaba encantada con aquel hombre distinto, llegué incluso a pensar que mi marido podría haber cambiado al sentirse padre... pero los futuros acontecimientos me quitaron la ilusión. Existen fotos en donde se dan muestras de esa ternura que María Gabriela provocó en su padre. En una de ellas Jaime aparece tumbado en el césped de la casa. La niña, con trajecito blanco, está subida a su espalda con la carita pegada a la de su padre y en la mano lleva sujeto un trocito de pan. En otra de las fotos, María Gabriela sostiene un paño blanco al lado de una piscina circular, y aparece dando un pase de muleta ante la sonrisa complaciente de un padre orgulloso. Es inimaginable lo que nuestra hija supuso para Jaime, la quería con locura, cualquier cosa que pidiera se la conseguía, yo no podía creerme que Jaime tuviera tan escondida esa faceta paternal y me alegré de habérsela descubierto gracias a María Gabriela.

Nuestra primogénita se parece mucho a mi padre; además del gran parecido físico, es trabajadora, fuerte, voluntariosa, con un alto concepto de la amistad y con grandes valores como la lealtad, el respeto por la familia y la tenacidad.

Foto realizada en El Cahid por Federico García Lorca al padre de Consuelo, don Pedro Alcalá.

Consuelo, con tan sólo tres años, jugando con una Mariquita Pérez y con unas cintas negras tras la muerte de su abuela Gabriela.

Consuelo Alcalá, pocos días antes de casarse.

El torero Jaime Ostos besando un crucifijo antes de comenzar una corrida.

Boda multitudinaria de Consuelo Alcalá, que aparece en la foto junto al torero Luis Miguel Dominguín y su abuelo Víctor.

Consuelo con Jaime Ostos saliendo del coche que les llevó al convite después de la boda.

Escena de la novillada que se celebró tras la boda.

Consuelo y Jaime, después de casados, paseando por el campo junto a sus caballos.

Consuelo y Jaime en un tablao flamenco.

Una joven y guapa Consuelo Alcalá en un cóctel con traje de noche.

Bautismo multitudinario de Jaime Ostos júnior en el Pilar de Zaragoza en brazos de su madrina, la bailarina María Rosa, primera figura del Ballet Folclórico Nacional.

Jaime Ostos junto al pequeño Jaime subido a su caballo durante la Feria de Sevilla.

Consuelo con María Gabriela viendo a Jaime Ostos torear.

Bella estampa familiar en la finca. Consuelo junto a sus dos hijos pequeños y la tata.

Jaime Ostos junto a su hija María Gabriela de corta edad.

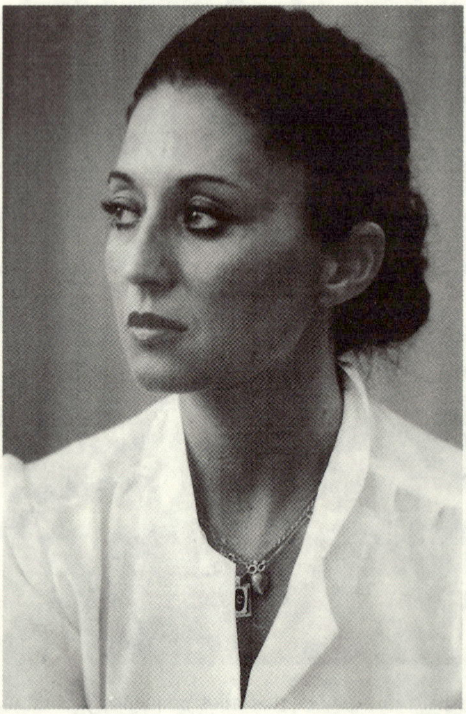

Foto de Consuelo Alcalá.

Posee una exquisita educación, una importante formación intelectual y domina perfectamente tres idiomas. También tiene una gran personalidad que se hace palpable cuando se enfrenta con lo que ella considera injusto, quizá por ello se sintió atraída por el Derecho, carrera que estudió en la Universidad de Sevilla después de haber estado formándose en Estados Unidos. Siempre ha recibido por mi parte una educación basada en el respeto hacia su padre. Siempre he evitado trasladar a mis hijos los problemas personales que pudiera haber tenido con su padre. Mi hija siempre me ha protegido, ha sido como un ángel para mí, es una persona entrañable, siempre está pendiente de mí y eso no se paga con nada. Es muy cariñosa y tierna.

Cuando María Gabriela contaba con tan sólo un año y medio, Jaime recibió una de las más importantes cornadas de la historia del toreo, fue en Tarazona, el 17 de julio de 1963. La gravísima cornada ha pasado a los anales de la historia y se recuerda como efemérides. La *Crónica del S. XX* del *Diario 16* la titulaba así: «Tarazona de Aragón: el torero Jaime Ostos sufre una gravísima cogida; los médicos opinan que su herida en el muslo no tiene precedentes en la historia del toreo». El periódico *Abc* de la época, en cuya portada aparece el rey de Marruecos, titulaba la noticia: «Gravísima cogida de Jaime Ostos en la plaza de Tarazona de Aragón»; *El Ruedo*, por su parte, señalaba: «La cornada del año». El cartel de aquella tarde estaba formado por tres de los grandes: Jaime Ostos, Viti y Caracol. Se lidiaban un toro de Barcial para rejones y seis de Ramos

Matías y hermanos para lidia ordinaria. Rejoneaba Ángel Peralta. *Nevado* —así se llamaba el toro— estaba marcado con el número 69, fue el primero de la tarde de lidia. Una vez que Jaime se lo brindó a Gutiérrez Tapia —anfitrión de la fiesta— comenzó la faena. *El Ruedo* lo relata así:

«Inició Ostos el muleteo, junto a las tablas, con unos eficaces pases por bajo y, sin más, se echó la muleta a la izquierda. Le dio un natural. Al intentar darle otro —ya en el tercio— el viento lo descubrió y el toro lo prendió por la ingle derecha, lanzándolo a los lomos. Cayó al suelo, medio se incorporó, y rápidamente, percatándose de la importancia de la cornada, se llevó las manos a la parte herida. Se le tiñeron de sangre que le manaba a borbotones. Quiso desabrocharse el cuello de la camisa, quitarse el corbatín. Todo quedó tinto en sangre. A toda prisa sus peones y compañeros se lo llevaron de la arena. "Tengo cornada grande", les dijo por el corto camino a la enfermería. Todos pudimos apreciar que el toro le había calado hondo, abriéndole un gran boquete».

El parte médico fue el siguiente:

«Durante la lidia del primer toro ingresó en la enfermería el matador de toros Jaime Ostos, que presenta una herida por asta de toro en la cara anterior, tercio superior del muslo derecho, de unos siete centímetros de extensión, con trayectoria ascendente que desgarra el músculo sartorio y penetra por la arcada erural, rompiendo la vena ilíaca externa y provocando grandes destrozos en el espacio retroperitoneal, que hace precisar transfusión de sangre de cinco litros. Pronóstico gravísimo. Queda hospitalizado en la plaza de toros de Tarazona, por no poderle trasladar, dado su estado.

Firmado, Félix Ylarri».

Yo me encontraba en Sevilla cuando me llamaron por teléfono y me dijeron que me fuera para Madrid. Allí me estaban esperando unos amigos, Miguel Ardid y su mujer, que nos recogieron a mí y a mi tía Ángeles y nos llevaron hasta Tarazona. Yo observaba que cuando se paraban en algún sitio hacían todo lo posible para que no viera la televisión y entonces comencé a percatarme de que algo grave le había ocurrido a mi marido. Una vez que llegamos a Tarazona —sobre las dos de la madrugada— y aún sin que yo poseyera una información completa de lo que realmente le había sucedido a Jaime, ya intuía que algo gravísimo había tenido que pasar. Recuerdo algo realmente espantoso. Yo defino aquellos momentos como algo fantasmagórico, y es que hasta llegar a la plaza en donde todavía se encontraba Jaime, pues no lo habían podido mover, tuve que cruzar por medio de toda la fiesta. Veía cuanto me rodeaba de color azul y morado y, al fondo, los músicos que tenían un aspecto demoníaco. Quería salir cuanto antes de aquel espectáculo para mí maldito, aunque, claro, me encontré con otro dantesco cuando al fin llegué a la plaza. Era una habitación con un somier en el que habían puesto a Jaime mientras todos hablaban alrededor. Allí le tuvieron que taponar la herida con catorce servilletas de bar, sin asepsia de ninguna clase, había cuajos de sangre por todos sitios... Fue todo espantoso.

Cuando entré me quedé mirándolo y vi un cadáver: la nariz afilada, la tez casi transparente y blanquecina, apenas si respiraba y todos temían que su muerte fuera inminente. Le habían atendido el médico de la plaza, don Félix Ylarri, el doctor Val Carreras, jefe del equipo quirúrgico de la plaza de Zaragoza, y uno de sus componentes, el doctor Campoamor, que se hallaba en el burladero y acudió inmediatamente. Otros médicos, el doctor Ariño —de Zaragoza— y el doctor Ayensa —de Tudela—, se presentaron igualmente con toda rapidez en la enfermería. Jaime necesitó transfusiones de sangre, muchos voluntarios quisieron donar la suya, sólo tengo palabras de agradecimiento para los «maños», es un pueblo de una grandeza increíble. Recuerdo colas impresionantes de donantes voluntarios que estaban dispuestos a dar su sangre para salvar la vida de Jaime. Fue tal la gravedad de la cornada que el capellán de la plaza, reverendo don Leopoldo Cabello, le dio la extremaunción. Pero el destino quiso que pudiera seguir toreando en todas las plazas de España, desafiando a la propia muerte, y que, a pesar de que su recuperación fuera lenta, reapareciera al año siguiente en la plaza de Arlés.

La etapa de su convalecencia la recuerdo como una época en que mi marido dejó totalmente aparcada la agresividad, fue de nuevo el hombre tierno que conocí durante el noviazgo, una persona dulce que había vaciado todo el veneno y que se rendía con humildad a las circunstancias. Yo, acompañándole en aquel lecho donde estaba postrado, comencé de nuevo a enamorarme de esa personalidad que ahora le afloraba. Pero a medida que fue recobrando la salud se fue estropeando su carácter, yo ya dudaba de cuál era su verdadera personalidad. Tras su convalecencia renació otra vez el hombre agresivo, el hombre mandón y volvió otra vez a confundir el ídolo con la persona.

Poco tiempo después, cuando él volvió a renacer triunfante y comenzó una vez más a cosechar éxitos, así como reconocimiento social, se planteó tener un nuevo hijo. Así nació Jaime el 3 de agosto de 1965. El alumbramiento se produjo a las 13.25 horas, también en Baena y en el mismo lugar donde tres años antes naciera su hermana María Gabriela. Durante el embarazo de Jaime tuve que guardar mucho tiempo de reposo, incluso llegué a temer la pérdida del líquido amniótico, aunque finalmente todo se resolvió de manera fantástica. Jaime fue un hijo tremendamente querido y deseado por mí y, aunque su padre también le mostró cariño, no significó tanto para él como nuestra hija. Incluso durante el embarazo sufrí episodios dignos del más puro oscurantismo por parte de Jaime; ni tan siquiera el Camilo José Cela de la época de *Pascual Duarte* podría haber retratado situaciones tan esperpénticas como las que me tocó a mí vivir. Jaime seguía profiriendo insultos insistentemente hasta el punto de que yo, internamente, albergaba una constante y obsesiva idea: quería con todas mis fuerzas que mi hijo Jaime sólo fuera mío y me planteé como única misión la de protegerlo de su padre. Sólo Dios y yo sabemos lo que pasé durante aquel embarazo, todo cuanto ocurrió mientras duró el período de gestación. Jaime no sólo no se contentaba con rechazar dialécticamente la transformación fisiológica que iba sufriendo mi cuerpo con el nuevo embarazo —«¡No tienes cintura! ¡Estás fatal! ¿Cómo quieres que me fije en ti, si estás asquerosa?»—, ni con potenciar tal humillación con «ingeniosas» y «brillantes máximas» —«Las mujeres deberíais ser como las pitas, que, cuando nace el pitón, se mueren»—, sino que además llevó a cabo la más baja de las actitudes en las que puede caer un ser humano, más incluso que la de pegar a una esposa; algo que me hizo más daño moral que físico, aunque también hubo daño físico. Cuando lo recuerdo respiro agitadamente y deseo llorar, quizá tenga que ir a la consulta de algún psicólogo para que me ayude a exteriorizar todo el mal que tengo acumulado de aquellos años, los ansiolíticos no parecen ser suficientes. Aquello fue un episodio lamentable, un episodio desagradable que me hizo mucha mella, un episodio que me caló hasta el punto de que me ha ido destruyendo. Ocurrió en el octavo mes de gestación cuando Jaime me pegó una paliza inmensa, una paliza que se me quedó grabada para siempre en la memoria y me dijo que me tenía que salir el niño por la boca. Me dejó señalados los protectores del zapato en la espalda, mientras me maltrataba también psicológicamente. Aquello fue una de las cosas más fuertes que me ha hecho. Mi pobre bebé dentro y yo gritando, implorando a aquel hombre que no le hiciera daño a mi hijo.

Menos mal que finalmente todo fue bien y mi hijo pudo venir al mundo. Jaime pesó cuatro kilos al nacer. Era un niño precioso y lo sigue siendo. Sus ojos verdes eran maravillosos, así como su carita y su pelo. Tampoco esta vez su padre asistió al parto, tenía una corrida en Málaga, y eso siempre era más importante para él.

Jaime se dirigía a nuestro hijo con el apelativo de «gordo», pues se fue criando muy gordito, incluso le hacía cierta gracia, aunque luego se desligaría totalmente de él. Jaime nunca se preocupó de su hijo, por eso comprendo que hoy día, después de tantos años, cuando su padre ha hecho un amago de acercamiento, mi hijo le responda obnubilado, porque realmente nunca lo ha tenido y él sabe que a mí me va a tener siempre, para toda la vida, a mí me va a tener segura. Ahora, que intente acercarse a su padre y ojalá ese acercamiento dure mucho.

El pediatra que lo estuvo siguiendo, el doctor Suárez Perdigueros, se refería a Jaime júnior como un niño de perfectas proporciones y con un músculo elástico asombroso. Hizo sus estudios en Sevilla, no fue un gran estudiante aunque sí un excelente deportista y jamás se sintió atraído por el toro. Actualmente vive en los Estados Unidos y es un destacado empresario y un magnífico jinete. Si hay algo que admirar de mi hijo es la capacidad que tiene para emprender. Aunque para muchas cosas de la vida quizá no sea tan echado para adelante como mi hija Gabriela, tengo que reconocer que para lo profesional es increíblemente emprendedor, con mucha capacidad de trabajo, lo cual es muy importante.

Una vez que Jaime volvió de América, trasladamos nuestra residencia de Miraflores de la Sierra en Madrid a la plaza de Cuba, número 10, en Sevilla, en un barrio residencial muy destacado donde vivimos la última etapa de nuestro matrimonio. Allí recuerdo una mala experiencia con el pequeño Jaime; fue un día en el que estaban entrando un sofá por la puerta de servicio, la tata y la seño se confiaron pensando que el niño estaría con su padre, pero Jaime padre, que era muy «cocinitas», estaba por su lado elaborando un plato en la cocina. Mi hijo resbaló por el hueco de la escalera y cayó de un octavo a un cuarto piso, y en ese piso Jaime lo agarró, tuvo muchos reflejos, yo estaba dentro y no me di cuenta de la escena. Al niño lo llevamos al radiólogo, a don Ángel Rodríguez de Quesada, quien a su vez llamó de inmediato a un médico amigo nuestro, al doctor Suárez Perdigueros, para indicarle que le había visto sólo una fisura en el occipital. Después otro doctor, don Armando Romanos, decidió dejar al niño a baja temperatura en la casa y sedado para que no se moviera por si acaso pudiera tener alguna hemorragia interna que no se detectara. Finalmente no le ocurrió absolutamente nada, yo temía más que nada por si le hubiera quedado algún trauma, pero ¡qué va!, Jaime fue siempre muy arriesgado y con mucha facilidad para el deporte.

La otra cara de la moneda

Tras esa gravísima cogida de Tarazona, Jaime reapareció en Arlés con toros de Remigio Tibot en 1964. Esa temporada —calificada de muy aceptable por la crítica taurina de la época— se cerraría para Jaime con un total de sesenta y dos corridas. Un año después, en 1965, toreó ochenta, y a la siguiente cincuenta y tres. Para entonces Jaime había sido incluso protagonista de una película, *Valiente* (1964), dirigida por Luis Marquina e interpretada por el propio torero y por Conchita Núñez, Félix Dafauce, Manuel Arbó, Mercedes Alonso y Miguel Palenzuela, y había también protagonizado un libro de ambiente taurino, *Las orejas y el rabo* (Plaza & Janés, 1962). Su autor, el francés Jean Cau, narraba una temporada completa viajando junto a Jaime y su cuadrilla por gran parte de la geografía española: «Durante toda la temporada taurina de 1960 seguí de plaza en plaza al matador Jaime Ostos. De junio a octubre presencié, por término medio, una corrida cada dos días». El autor francés venía a corroborar en su libro lo que ya se sabía de antemano sobre los toros: «... son un espectáculo esencialmente "derechista". La sangre, la virilidad, la muerte, la sexualidad; en suma, todos los ingredientes que intervienen en su composición, examinados con los potentes microscopios de la izquierda, revelan, según se afirma, su perversa naturaleza». El torero, el matador, en definitiva el héroe español por antonomasia, habría de encarnar en la plaza el papel del macho poderoso que subyuga, humilla y finalmente vence al animal, una profesión en la que el matador busca sobre todas las cosas el reconocimiento explícito de su valor a través de la ovación de un público comprometido con la faena del ruedo. Quizá con esa suerte de refuerzo positivo en grado máximo que necesita cualquier individuo de baja autoestima como fortalecimiento de un ego que termina por hacerle divagar entre el mito de sí mismo y el hombre frágil y mortal que termina siendo. Así Jaime, con el ego inflamado, más que inflado, ponía en práctica en su vida cotidiana las «hazañas» del albero profiriéndome todo tipo de vejaciones como si yo misma fuera un toro. Él no veía nada más y nada menos que un animal al que dominar en mí, que era su propia esposa. Llegó realmente a confundir el límite de lo normal y lo extravagante de sí mismo con algo tan básico como los derechos humanos de toda mujer. Me solía decir: «Yo, que estoy harto de matar toros de seiscientos kilos, Miuras, Pablos Romeros, Conde de la Corte, tú para mí no eres más que una mierda, porque con cincuenta kilos qué significas para mí». Yo callaba, aguantaba hasta límites insospechados, y sobre todo me resignaba ante quien, a pesar de ser mi esposo, carecía de valores éticos ya que éstos brillaban por su ausencia. Sin embargo, es muy significativo y me llama ahora poderosamente la atención, después de los años, que Jaime empleara en sus comparecencias públicas la argucia de lo políticamente correcto, exaltando hasta la saciedad los valores de la familia en términos como: «... he toreado menos, entre otras cosas porque el hogar tira mucho y porque he de atender los negocios, que a fin de cuentas es lo que ha de proporcionar el bienestar a la familia». Todas estas declaraciones de intención no dejaban de ser una mera pose conveniente, un pretender quedar bien delante de la prensa y de la opinión pública. Sólo yo sabía con quién me encerraba y acostaba cada noche entre las cuatro paredes de nuestro peculiar hogar —que más pareciera un campo de concentración—, en donde primaba sobre todo una constante tortura personal seguida de la impotencia más grande.

Incluso yo, con el único y exclusivo objetivo de salvaguardar la fama del personaje, me veía obligada a manifestarme públicamente ofreciendo declaraciones como: «Es un buen marido, aunque con las cosas de todos los hombres públicos. Es muy casero, y estando en Sevilla, lo pasamos fundamentalmente en casa. Un "padrazo" cariñoso con los niños, a los que adora y le adoran». Sí, un «padrazo» a quien, a los pocos días de haber hecho estas declaraciones en la revista *El Ruedo*, puse una denuncia acusándolo de una serie de imputaciones y obteniendo nada más y nada menos que la patria potestad de mis hijos. Pero es que yo, como «la mujer del héroe» que era, no podía hacer ni decir otra cosa. Mis declaraciones eran como parte de un guión o más bien de un guionista al que sobre todo, ¿por qué no decirlo?, tenía miedo, terror, pánico, un pánico que no es fácil de explicar. La realidad era bien distinta. Jaime tenía un mundo interior muy raro, podía ser una cosa y otra a la vez, muy voluble, muy cambiante... y sobre todo muy peligroso. Con él viví en una amenaza continua, y también mis hijos. Su objetivo en nuestra relación era hacerme sentir cada vez más inútil, cada vez con menos fuerza moral. ¿Quién no ha oído hablar alguna vez en semejantes términos de un maltratador? En realidad la historia no es nueva, se ha repetido siempre y en cualquier clase social.

En todos los casos el maltrato comienza siendo psicológico, el maltratador pretende sobre todo ir minando la autoestima de la víctima, y en mi caso Jaime lo consiguió. Yo no me consideraba nada, me creía algo insignificante, un simple gusano, me daba asco de mí misma. Fue un proceso que desembocó en la anulación de mi «yo», quiero decir, no fue algo así como «hoy voy y te mato», no. Empezó por hacerme estar mal interiormente. Recuerdo que me llegaba a sentir vieja, y en realidad era muy joven... pero me creía alguien despreciable... y cuando uno piensa que eres un simple trapo, que no tienes autoestima y que moralmente te sientes dependiente, es cuando comienza la otra fase de las agresiones, las físicas. Nunca olvidaré aquel primer puñetazo de París que desembocó en mil más durante nuestro matrimonio. A veces me pregunto qué motivos había para que me pegara. Evidentemente nunca hay motivos que justifiquen un maltrato, pero lo más grave de todo es que toda mujer maltratada se plantea en qué ha podido fallarle a su marido, llegando a autoinculparse por cada una de las situaciones en las que ha sufrido maltrato. La manipulación del agresor llega a ser tan fuerte que no importa que siempre se recurra a las mismas, típicas amenazas —a veces de muerte—, a las recriminaciones y a los insultos con el único propósito de mermar la seguridad de la víctima convirtiéndola así en una simple marioneta. Jaime me decía que no servía para nada, que tenía manía persecutoria, que era una celosa, una mala persona, que le daba asco mi mirada, mi cara... Yo lloraba, claro, lloraba mucho ¿Y qué otra cosa podía hacer? Sin embargo, una vez que él había llevado a cabo su agresión, solía pedir perdón casi de inmediato. Este hecho también ha sido muy estudiado por la psicología, ya que se trata de una conducta común y reiterativa por parte de los maltratadores. Jaime se arrepentía diciéndome que no volvería a ocurrir, que estaba nervioso y que le perdonara, que siempre se jugaba la vida a diario y que perdía los estribos, pero, claro, pasaba un rato y volvía a los golpes, a las vejaciones y a los insultos, pero había dos o tres días estupendos de tranquilidad y de paz, parecía otra persona. Yo siempre tenía la ilusión de que eso continuaría, que volvería a ser el hombre amable que conocí, pero era sólo eso, una ilusión.

El maltrato que recibía me llegó a colocar en tal nivel de sumisión que acataba sin la más mínima resistencia todo tipo de peticiones, todas en contra de mi voluntad, se entiende, algunas tan duras que cuando intento recordarlas me derrumbo como si fuera una muñeca de cristal. De esta forma, sin yo pretenderlo, me iba adentrando paulatinamente en ese círculo vicioso lleno de miedos y desesperanza en el que nadie podía ayudarme. Pero es que yo no tenía más remedio que acatar sus órdenes. Creía que no contrariándolo surtiría efecto, aunque me di cuenta de que tampoco. Él buscaba siempre un motivo para provocar esa situación que de antemano ya le rondaba en su cabeza. Él llegaba, hacía como que se tropezaba con lo que fuera, o iniciaba una disputa por algo tan aparentemente intrascendente como la pérdida de un botón de la camisa. Esto último para mí era ya un problema, aún hoy me cuesta trabajo oír cómo un botón se cae al suelo. O simplemente veía una colilla en un cenicero y decía que quién había fumado, tan sólo por eso organizaba una discusión impresionante, o si en ese momento en la nevera en lugar de chorizo había salchichón y él quería chorizo, ya la liaba, me insultaba y rápidamente llegaba a las manos. Yo temía mucho aquellos encontronazos y tenía que evitar cualquier situación que lo pudiera descomponer o que lo pusiera nervioso. He tenido que sufrir en silencio la humillación por la que me hacía pasar mi marido, sin que ni la política del momento, ni la mentalidad de una sociedad, ni las normas establecidas estuvieran a mi favor para prestarme la ayuda que estaba necesitando. Se trataba aquélla de una época en que la mujer era poco menos que un refugio al servicio de un varón con pocas luces.

Quien sí tenía muchas luces era mi abuelo, Víctor, quien por entonces no sabía nada en absoluto respecto a este tema, ya que, como digo, hablar de los malos tratos sufridos en carne propia resultaba algo prohibido para la España de entonces y era todavía mucho menos indicado que la familia tuviera constancia o conocimiento de ello. Se trataba de algo indigno para una mujer y jamás le hablé expresamente a mi abuelo ni a nadie de mi familia sobre la situación por la que yo estaba pasando, aunque estoy segura de que él captaba todo con una intuición especial y por eso subliminalmente me dio consejos antes de morir, muchos consejos y recomendaciones que le agradecí y que me sirvieron de mucho. No podré olvidar jamás la última conversación que tuvimos. Aquella conversación ayudaría sin duda a que me enfrentase con entereza y decisión a la vida que aún me estaba por venir y también a mi propio destino, para lo cual habría de mantener la cabeza alta, el cuerpo erguido y la mente fría y sana, siempre la mente fría y sana para enfrentarme con valentía a las duras circunstancias existentes en la España de entonces, un país caracterizado por la opresión a una mujer que desempeñaba un rol de servidumbre alentado por el franquismo. La mujer por aquel entonces era un mero objeto que podría resquebrajarse en cualquier momento sin que nadie lo echara en falta. Miguel Delibes es quizá el autor que mejor retrató esta época de los sesenta en su obra *Cinco horas con Mario*. El personaje femenino en la obra de Delibes valora a quienes la rodean, se preocupa por ellos, muestra mil atenciones, da mucha más importancia al ser que al tener. Se queja de que su marido nunca la trate con la dignidad que ella se merece. Constituye una exacta radiografía de mi vida. Yo temía día tras día por mi integridad física mientras me sentía poco menos que un despojo humano. Cuando oía las llaves de la cerradura me iba de inmediato al baño para vomitar, me entraban convulsiones sólo con oír la puerta; tenía tanto miedo de Jaime que me llegué a quedar delgadísima, temiendo que un día llegara mi final, aunque en el fondo era lo que quería para no tener que seguir sufriendo aquellos palizones, pero eran mis hijos quienes me hacían mantener viva la llama de la esperanza. Me daba miedo, incluso, mirarme al espejo, un día recuerdo que me miré en uno y me di cuenta de que sólo tenía dientes, estaba escuálida, con una delgadez extrema, y sentí pánico de aquella imagen. Aquel día fue cuando realmente fui consciente de en lo que me había convertido Jaime. Él me había llegado a despersonalizar de tal modo que me sentía realmente su marioneta. Durante la Feria de Sevilla me vestía como él quería, montaba a caballo cuando él me lo mandaba, sacaba a los niños cuando me obligaba, cantaba cuando me decía canta... Me había hecho creer realmente que él era el triunfador y que yo debía servirle sólo de florero, pues me insistía en que no servía para otra cosa. Encima tenía que sonreír, mostrarme educada y alabar sus facetas de hombre ejemplar, que evidentemente no era, delante de todos sus amigos. Recuerdo que cuando me quedaba pensativa o seria, me decía: «¡Sonríe, coño!, que vas como si le perdonaras la vida a la gente». Estaba claro que él no podía ni admitir ni tolerar que su mujer tuviera un mínimo atisbo de decisión en su vida. Yo simplemente debía ser una autómata a su servicio, él disfrutaba asustándome, para él la sensación de infundir miedo a alguien que él consideraba «más débil» le producía una especie de excitación patológica que no era más que una extraña mezcla de complejos y de inseguridades. Me amenazaba con arrojarme ácido para quemarme la cara. Yo estuve traumatizada durante mucho tiempo, dormía boca abajo por miedo a que me la destrozara. Aquel hombre destrozó mi vida y yo sabía que debía ser fuerte, pero, con todo, siempre queda la huella, algún resquicio que te marca para siempre. Fui amenazada con cuchillos, cristales y todo tipo de objetos. Cada día daba gracias a Dios por un nuevo día de existencia, pero al mismo tiempo me preguntaba ¡por qué no me ha matado, Dios mío! Sufrí mucho... mucho. En una ocasión me dio tal paliza que, sintiéndome en peligro de muerte, surgió en mí el humor de manera inconsciente, y mirándolo fijamente le espeté sin pensarlo: «Jaime, mátame de una vez, y luego me cortas las orejas y das la vuelta al ruedo».

Un torero de moda

Hijo de acomodados labradores, Jaime nació en Écija (Sevilla), el mismo día en que se estrenaba en Madrid con gran éxito la obra de García Lorca *Amor de don Perlimplín con Belisa en su jardín*. Hablamos del 8 de abril de 1933. Siendo el cuarto de una familia numerosa (antes que él nacieron por orden cronológico Manuel, Julio y María del Carmen; y después de él, Fernando, José Joaquín y Elisa) fue bautizado en la iglesia de la Santa Cruz, en su pueblo natal, en medio de grandes celebraciones. Su padre, don Manuel Ostos, siempre deseó que sus hijos alcanzaran cultura mediante el estudio para que pudiesen enfrentarse a la vida sin tener que verse obligados a experimentar la dureza del campo. Su madre, doña Josefa Carmona, se dedicó mientras tanto a las tareas propias del hogar y a cuidar de sus hijos, ajustándose ni más ni menos que al rol propio que correspondía a cualquier mujer de aquella «España profunda» de entonces. Jaime asistió por primera vez al colegio en Écija —el de El Valle—, donde aprendería a leer y a escribir siempre rodeado de monjas con quienes no se llevaba especialmente bien, puesto que era un niño muy travieso. Él mismo admite que fue siempre un alumno muy rebelde y contestatario, llevando a su padre a más de una situación delicada. Don Manuel tuvo que pagar una vez sí y otra también los «platos rotos» de su hijo y desconozco exactamente con qué consecuencias para Jaime, pues me decían que el padre era de armas tomar. Jaime contaba de esta manera el primer castigo que le impusieron las religiosas por haber hecho una de sus cotidianas travesuras: «Me llevaron al cuarto de las "ratas". Era un salón grande que a los niños encerrados imponía mucho y se aguantaban muchos minutos sin llorar, momento en el que eran liberados por las monjitas. Pero como pasara tiempo y tiempo desde que me encerraran y yo no lloraba, abrieron la puerta y me encontraron muy entretenido y atareado. Había descubierto en algún cajón las figuras de un nacimiento de respetable tamaño y me divertía quitándoles la cabeza». Años más tarde, siendo alumno todavía del mismo colegio, le llegó la hora de hacer su Primera Comunión. Ese día también quedaría grabado en su memoria, y no precisamente por haberse vestido de marinerito y haber tomado la Sagrada Comunión, sino porque la emprendió a velazos con los otros compañeros de curso que igualmente pretendían cumplir con el sacramento. Todo comenzó porque la abuela de Jaime le había regalado ese día una bonita vela rizada. Cuando le llegó la hora de comulgar le fue retirada con la promesa de devolvérsela más tarde, pero luego se la cambiaron por una vela corriente y Jaime se percató de que la suya la tenía otro niño, motivo más que suficiente para que armara aquel sonado episodio.

Transcurridos algunos años, Jaime se convertiría en todo un hombre dando el salto al instituto. Solía ausentarse mucho poniendo en práctica lo que él denominaba la «huelga al sol», que consistía simplemente en cambiar su presencia en las aulas por tenderse a tomar el sol. Poco después, y a pesar de sus continuas faltas de asistencia a las clases, llevó a cabo los estudios preparatorios para ser piloto de vuelo a vela en la Academia General del Aire. A lo largo del curso lo suspendieron en cuatro asignaturas: Física de cuarto, Filosofía de quinto y Matemáticas de quinto y sexto; sin embargo, la atracción por la fiesta del toro le sería mucho más fuerte y no tardaría en abandonar sus estudios contrariando así fuertemente la voluntad de su padre. «Estudiaba los últimos meses del curso. Los primeros cinco o seis faltaba a clase en cuanto surgía una oportunidad para dar unos capotazos. Eran aquellos tiempos cuando se introdujo en mí esa tremenda afición insaciable aún con el transcurrir del tiempo», confesaba Jaime en *El Ruedo* el 27-I-1970. La «tremenda afición» de Jaime incluso le haría confeccionar su propia muleta con las faldillas de la mesa-camilla de su casa.

Todo comenzó un buen día en el que cogió su bicicleta desde su Écija natal hasta Córdoba sólo para ver torear a su admirado Manolete, y cuando vio la faena del diestro, sin pensarlo dos veces esputó hacia quienes estaban presenciando la corrida: «¿Eso?, eso lo hago yo con los ojos cerrados...». Aquella especie de reto personal, con el tiempo, quedaría grabada más como una declaración de intenciones mediante la cual terminaría creando, incluso, un estilo propio. Mientras, ayudaba a su padre en el cuidado y recolección de los olivos, pero aquello resultaba un trabajo muy duro para quien no quería que su vida estuviera entre aceitunas ni azadones. Así que decidió marcharse a Sevilla capital a casa de su tío Antonio, hermano de su madre, quien por entonces era el encargado de parques y viveros de esa ciudad. Allí Jaime conocería a don Antonio Paso, su primer apoderado, quien lo va iniciando en el mundillo del toro, llevándolo a tentaderos y comenzando así su ascendente carrera taurina. Vistió su primer traje de luces en el mismo Écija, alternando con su paisano Bartolomé Jiménez Torres y lidiando novillos de Belmonte el día 1 de junio de 1952. Su debut con picadores tendría lugar en Osuna, el 5 de abril de 1953, con Jiménez Torres y Braulio Lusín y novillos de Arturo Pérez Fernández. El servicio militar en Barcelona, en el año 54, le aparta momentáneamente de los ruedos, a los que vuelve en el 55, año de su presentación en Madrid, donde toreó en la plaza de Las Ventas cuatro tardes, resultando herido en la segunda. La temporada siguiente realiza una campaña novilleril toreando cincuenta novilladas y recibiendo la alternativa en Zaragoza, el 13 de octubre, de manos de Miguel Báez (Litri), con Antonio Ordóñez de testigo y lidiando reses de don Carlos Urquijo de Federico. De nuevo en Madrid confirma su alternativa el 17 de mayo de 1958 con el toro *Famosito* de Cobaleda, actuando de padrino Antonio Bienvenida y de testigo Gregorio Sánchez. Fue una Feria de San Isidro de la que Jaime salió consagrado como auténtica y gran figura del toreo. Se le rindió homenaje en la capital de España, al que asistieron destacadas personalidades, entre ellas representantes de la aristocracia como la duquesa de Santoña y el marqués de Villaverde; amigos como Victoriano Valencia, Miguel Primo de Rivera, Sancho Dávila, Juan Belmonte o Álvaro Domecq; apoderados de toreros, como Domingo Dominguín o Ángel Luis Bienvenida; y también el académico don José María de Cossío, quien leyó un discurso analizando el aspecto «humano» de Jaime, «Un torero que sabe hacer de cada interlocutor un amigo», y habló de la autenticidad del diestro elogiando unas virtudes que dijo podrían reducirse a dos en su persona: «El valor y la alegría». Jaime, muy emocionado, se levantó para agradecer el acto declarando con falsa modestia: «De mi vida taurina, poco puedo deciros, porque nada represento; pero sí quiero decir que mi lema siempre ha sido el de la honradez para con el público».

La personalidad de Jaime Ostos

Puedo definir a Jaime Ostos como un hombre de enormes contrastes. Puede ser dulce en un momento dado, pero puede también ser antipático y soberbio en otro. Pasa de un extremo a otro con una pasmosa facilidad, digamos que podría tratarse de una persona inestable emocionalmente hablando. Desde que yo lo conocí fue un hombre callado, con pocas inquietudes culturales a pesar de haberse relacionado con grandes intelectuales de la época. A él sólo le gustaba el toro, vivía para el toro, se preparaba para el toro y, cuando no pensaba en sus amantes, pensaba otra vez en el toro. En realidad, todo parecía girar en la vida de Jaime alrededor de la tauromaquia, incluso desde muy joven su idea más constante era la de ser figura del toreo, a pesar de que en su familia no existía ningún antecedente taurino. Jaime jamás sintió miedo alguno frente a la negra bestia de poderosa cornamenta, haciendo alarde en todo momento de un, quizá, exceso de temeridad en las plazas, poniendo fuertemente en riesgo su propia vida. Tanto es así que el gran maestro y amigo de Jaime, Luis Miguel Dominguín, le decía: «Si fueras un poquito más simpático, no tendrías que dejarte los muslos en la plaza de toros». En lugar de simpático la palabra más bien sería «amable». Sí, amable con la gente, que no lo era, con su público... Él se daba a su público como profesional, y eso estaba bien, pero nunca se supo dar como persona, lo cual es un grave error. Era un toreo de riesgo, Jaime entraba en la plaza, se entregaba en cuerpo y alma, entraba con mucha tranquilidad y salía con la misma con que había entrado, como si no hubiera hecho nada. Fuera del ruedo mantenía una estricta preparación, no bebía ni fumaba lo más mínimo y se cuidaba al máximo. Menos mal que a mí tampoco me ha gustado beber pues he sido siempre, y lo sigo siendo, totalmente abstemia, ya que lo que más ha odiado Jaime en la vida es tener a su lado una esposa bebedora.

Todos los que conocieron a Jaime en esa primera etapa de su vida coinciden en afirmar que se trataba de un hombre extremadamente cumplidor con su trabajo, llevaba a cabo duros entrenamientos atendiendo a un rígida disciplina y aprovechaba el poco tiempo libre de que disponía para poner en práctica su otra pasión, quizá no muy conocida: el arte pictórico. No pintaba nada mal. Se ensimismaba con frecuencia en esas incursiones pictóricas y he de reconocer que llegó incluso a adquirir notables conocimientos sobre obras de destacados artistas y también sobre su técnica. Además era un hombre que comía bien, que le gustaba el buen paladar, la mesa exquisita, pero sobre todo era un buen cocinero. Elaboraba platos fantásticos y guisaba bastante bien. Sin embargo, su mejor habilidad siempre fue destruir sobre lo construido. Es su peor cualidad, y es que creo que Jaime nunca ha podido vivir sin emociones fuertes. La vida tranquila, serena y pacífica no era para él, incluso le significaba la muerte, de ahí su afán por experimentar la adrenalina de los toros, por la ajetreada vida familiar y por conseguir cosas para luego hacerlas desaparecer, fastidiando a quienes estábamos a su alrededor. En realidad, Jaime respondía por encima de todo al modelo de hombre caprichoso que perseguía casi obsesivamente un gusto o idea determinados y que los quería conseguir a costa de todo y de todos. Era como si su misión en la vida fuera la de saciar un deseo inmediato. Y lo conseguía, porque Jaime ha tenido mucho poder para cumplir lo que ha querido. También ha ocurrido con todas sus infidelidades; él veía a una mujer y la convertía mentalmente en su «presa», la perseguía sin importarle su condición, la amistad que pudiera tener con su marido, ni nada de nada. Solía decir: «Quiero a esa mujer, la consigo y a la basura». Así ha ido dejando en la cuneta todo aquello que después no le ha interesado, por eso decía yo antes que todo lo que consigue después lo desbarata. Jaime era un seductor nato, él lo sabía y hacía uso de esa cualidad para «engatusar» a las mujeres, lo que ocurre es que en ocasiones alguna se le resistía y eso suponía para él una derrota intolerable que jamás aceptaba porque afectaba profundamente a su ego. En una ocasión una amiga mía le dio una negativa a Jaime, y a renglón seguido, sin dudarlo ni un solo instante, la misma le dio una bofetada por su desfachatez. Sin embargo, Jaime respondió a esta actitud diciéndole que para una que se negara había mil que accedían a sus peticiones. Jaime fue un gran mujeriego, nada extraño por otro lado para un torero que además debía repetir el patrón marcado por la tradición y seguir alimentando el tópico que recaía sobre ellos de ejercer de macho dentro y fuera del ruedo. El propio Jean Cau lo había dejado constatado en su libro ya mencionado, *Las dos orejas y el rabo*, de la siguiente manera, que no es más que un fiel reflejo del machismo de la época:

«—Para ellos el hombre tiene que ser macho, y como es macho tiene que esclavizar a la mujer y...

»Eso no es ningún crimen. En los Estados Unidos es ella la que esclaviza al hombre colocándose un delantal en el vientre, y el resultado es que a fuerza de divorcios y crisis de psicoanálisis acaban por volverse locas, encarnando entonces el tipo humano más atroz, repugnante e histérico que pueda dar el mundo. Añadiré que las andaluzas que conozco están encantadas con su suerte y adoran y respetan a su marido, al que despreciarían si les fregara los platos o cambiara los pañales al niño.

»Pero el machismo andaluz constituye una virilidad exterior que se enseña, se exhibe. ¡Como uno es macho va a demostrarlo!, y se va al toro».

Así pues, Jaime ha respondido desde siempre a ese prototipo del machista convencido que ha llevado su vida acorde totalmente con su mentalidad, incluso a la hora de no mostrar sus sentimientos, a pesar de haber sido un hombre extremadamente vulnerable, aunque nunca cara a la galería. Nunca lo ha demostrado porque es incapaz de expresar sus sentimientos con las personas con quien convive, él ha pensado siempre que eso hubiera sido una señal de debilidad y, claro, él tenía que convencerse a sí mismo y convencer a los demás de que es, más que un hombre, un macho, un «macho» dentro de ese concepto particular que él tiene de macho, claro, un macho que tiene que alardear de ser quien manda en la casa, que impone sus leyes de manera dictatorial, que responde a instintos primarios de machos primarios, lo mismo que en la especie animal, que siente sólo la necesidad de satisfacer sus necesidades más básicas: la comida, el sexo y poco más, y por supuesto, que es capaz de maltratar a la mujer hasta el punto de hundirla para siempre en la más absoluta miseria.

Mis escapes psicológicos

No hay duda de que mis escapes psicológicos venían siempre de la mano de dos fuertes apoyaturas. Por un lado, yo necesitaba exteriorizar lo que albergaba en mi interior, pero sabía que no podía hacerlo con nadie de mi familia, por tanto fueron los trabajadores de la casa las únicas personas que supieron aconsejarme con gran acierto y quienes se convirtieron en mi más importante paño de lágrimas. Las tatas, sobre todo la seño Carmeli, fue sin duda mi gran psicóloga de cabecera y en ella tuve a una especie de ángel protector con quien me sentía segura, aunque a la hora de la verdad, yo sabía que sólo yo tendría que enfrentarme cara a cara con él. Los tíos de Jaime, que vivían bajo mi mismo techo, también fueron testigos de aquellos episodios cargados de violencia, pero poco podían o querían hacer ante la ira de su sobrino, tan sólo me daban recomendaciones para que en momentos así intentara apaciguar las salidas de tono del macho enfurecido. Sin embargo, mis verdaderos escapes vendrían de la mano de mi querido abuelo Víctor. El hecho de salir al cine con él o de tomarme un café mientras manteníamos alguna de nuestras conversaciones me supuso poder desconectar de mi mundo cotidiano que tanto mal me hacía. Mi abuelo Víctor fue para mí la persona más querida que yo tenía en un mundo paralelo al infierno por el que estaba pasando. Yo me aferraba a él teniéndolo como ese gran apoyo que necesitaba y me desahogaba llorando, claro, él nunca supo oficialmente dónde radicaba mi pena. La verdad es que yo estaba muy sensibilizada por todo y no sé qué hubiera pasado de no haber tenido en aquellos momentos a mi lado el importante y necesario refugio de mi abuelo. Yo pasaba más tiempo con mi abuelo que con nadie, me pasaba las horas muertas con él y luego no quería volver a casa. Un día en que Jaime no venía a comer, me invitó mi abuelo a comer en su casa, porque tenía una visita esperada. Recuerdo que ese día se colocó su traje de los domingos, preparó su corbata de seda, mandó limpiar sus zapatos de charol, se abrochó un elegante cinturón de piel a su pantalón recién planchado, se ajustó los tirantes y se perfumó con su colonia de lavanda, siempre utilizaba la misma. La invitada era nada más y nada menos que Trini Ramos, una reconocida intérprete de cuplé. La exuberante artista —que en modo alguno pasaba desapercibida— fue incluso inmortalizada por un genio como don Rafael de León en una de sus míticas coplas. ¿Quién no había oído a las grandes del género interpretar en los mejores escenarios «la Triniá», «la de la puerta Real, la de la carita de nazarena, que con la Virgen Macarena la tenían compará»? Su nombre real era Trinidad Ramos. Ahora iría a comer a casa de mi abuelo aquella musa del maestro León y Quiroga que poseía un porte de extremada elegancia, una belleza natural sin precedente, una cara sin igual, casi hecha de cera. Trini Ramos se había ido a hacer las Américas acompañada de su madre y regresaba ahora a Sevilla. Al llegar a la capital hispalense, se encontró con el teléfono de aquel con quien había mantenido un antiguo romance —mi abuelo Víctor— y no pudo dejar de llamar al hombre por quien tanto amor profesó y a quien tanto quiso, y cuyo recuerdo la ensimismaba pensando en un romántico idilio que pudo ser y no fue. ¡Circunstancias de la vida! Quién diría que aquel «casto José» que fue mi abuelo por tantos años se mostraba tembloroso cuando a las seis justamente, con pasmosa puntualidad británica, sonó el timbre de la casa. Mientras, los que estábamos allí presentes, todos expectantes, observábamos cada movimiento de mi abuelo sin perder el más mínimo detalle. Yo estaba pendiente de todo cuanto acontecía. Por la escalera subió una dama y ¡menuda dama!, ¡qué cincuenta y tantos años más bien llevados! Era la Triniá, muy fina, con traje de chaqueta, moño alto, piel exquisita, espesas pestañas naturales... Él abrió la puerta de par en par, sus ojos brillaban, su boca dibujaba una sutil sonrisa, que delataba de nuevo ese extraño nerviosismo. ¿Acaso permanecían intactos los sentimientos de antaño? Mi abuelo dio un paso hacia adelante, mientras la Trini, enjoyada y cuidadosamente etiquetada, dejaba entrever una perfecta y radiante dentadura blanca a través de una espléndida sonrisa al acercarse para saludarlo. Él la recibió exclamando su nombre como quien viera a una divinidad: «¡Trini!». Ella le respondió: «¡Víctor!». Se dieron un beso con sustancia, en ambas mejillas, apretándose con fuerza, y luego un abrazo cariñoso. «Estoy muy viejo, ¿verdad?», le preguntó mi abuelo. Trini se quedó con la mirada fija en sus ojos y le dijo: «No, Víctor, ¡estás estupendo!».

Yo, apartada en un discreto ángulo y siendo espectadora de todo lo que estaba sucediendo, no pude evitar emocionarme. Percibí una de las más bonitas escenas de mi vida, todo cuanto había allí estaba impregnado de un respetuoso pudor, pero al mismo tiempo fue tan hermoso aquel encuentro, tan maravilloso, tan de novela... Seguidamente mi abuelo nos presentó a Trinidad Ramos, a quienes teníamos mitificada, y cuando ella le preguntó «¿te cansas mucho, Víctor?», todos pensamos que ella seguía enamorada de mi abuelo.

Ya lo dijo Beaumarchais: «El amor no es más que la novela del corazón; el placer es su historia», una historia cuyo placer, en este caso, vendría añadido al transmitido por el cariño de mi abuelo, ya que el amor que yo hubiera deseado con toda mi alma, el amor romántico, el de la pareja, se redujo simplemente a la interminable pesadilla de un constante y amargo grito de silencio.

Hablan los testigos

Está claro que sólo he contado una mínima parte de lo que realmente me ha sucedido en la vida junto a Jaime, pero existen testigos —afortunadamente aún vivos— que pueden relatar muchos otros de esos ingratos episodios y que nunca dudaron en apoyarme a capa y espada si así fuere menester. Doña Carmen Rendón es uno de ellos, conocida por la familia como la seño Carmeli, quien entró a trabajar como modista en nuestra casa. La seño Carmeli hace una afirmación tajante: «En la casa de los Ostos se vivía muy tranquilo, cuando él entraba era cuando había revolución. María Consuelo estaba asustada siempre, igual que ahora, que continúa asustada, la pobre, le tiene miedo porque es muy agresivo y esperemos que ahora no suceda nada». En más de una ocasión, la seño Carmeli se interpuso entre Jaime y yo para atenuar los golpes que iban dirigidos hacia mí. Ella recuerda: «Una vez le rompió el labio, otra le daba patadas, otra vez María Consuelo me llamaba gritando y yo me ponía entre medias de los dos y muchas veces era yo quien me llevaba los golpes». El episodio del labio al que alude la seño Carmeli fue también bastante lamentable y se recoge con pelos y señales en el auto de la sentencia. La seño Carmeli recuerda con precisión esta escena: «Yo lo declaré todo en el juzgado, en el Tribunal Eclesiástico. Recuerdo que María Consuelo tenía una bata blanca de piqué y la pobre recibía sin venir a cuento patadas, puñetazos... ¡El día que la vi con el labio partido, pero partido con puntos de sutura y todo, y no podía ni comer, sólo lo hacía con una pajita, lloraba y se lamentaba que aquello daba pena verlo, era tan grande nuestra impotencia de ver aquel... animal las palizas que le arreaba...».

Otra testigo —cuyo nombre no voy a mencionar porque no ha salido en ningún medio de comunicación— recordaba otro episodio: «Fui a preguntar por ella [refiriéndose a mí], los del servicio interno me dijeron que no estaba, estoy hablando de cuando vivían en la casa de Cuba, número 10, pues bien, a mí me extrañó. A los pocos minutos, cuando supo que yo era alguien de su entera confianza, salió ella, y cuando la vi, ¡Dios de mi vida!, ¡estaba con un ojo morado, la cara hinchada, vamos, pálida de otro palizón y, claro, no quería que la viera nadie, siempre le decía a la gente que se había caído o que se había resbalado en la bañera... en fin... que la pobre lo pasó bastante mal con el torero». Y hay una cosa muy significativa que también me recuerda esta testigo, y es que cuando Jaime no se encontraba en casa, yo mantenía una actitud cordial, amistosa y agradable con todo el personal de servicio. Sin embargo, cuando oía la llave, cambiaba mi comportamiento. Ella lo recuerda así: «Eso le ocurría siempre que llegaba su marido, nos tratabas de usted y guardabas la compostura porque yo creo que Jaime sabía que te sentías protegida con todos los trabajadores de la casa y eso él no lo podía soportar. Te humillaba delante de nosotros y delante de todo el mundo... ¡Ay, Dios mío, cuántas cosas hay que no me atrevo a contar por no hacerte revivir nada! Con recordarte que dormías siempre asustada sabiendo que debajo de la almohada tu marido tenía dos pistolas. Sí, dos pistolas, y te las ponía en la nuca cada dos por tres y te decía que te iba a matar... Bueno, no sé cómo has podido sobrevivir a ese infierno, ¡ahora que se entere todo el mundo cómo era ese torero!, porque vamos, yo es que me río mucho cuando la gente te pregunta: "¿Y por qué no lo denunciaste en su momento?". Yo misma lo hubiera denunciado, o la seño Carmeli, o cualquiera de los que estábamos a tu alrededor, pero es que en aquella época no podíamos, era una época machista en la que si la mujer iba a denunciar a su cónyuge pensaban "qué no habrá hecho la puta esta para que su marido la tenga que pegar". Y si lo hubiera hecho yo, con seguridad me hubieran dicho: "Señora, en temas matrimoniales usted no se meta, métase en sus cosas y deje los líos para ellos porque al final acaban ellos juntos otra vez y mire usted lo que lía". Aquella época no era la de hoy, por eso hoy día que se entere todo el mundo quién fue este señor, por llamarle de alguna manera».

Una vez más la realidad supera con creces cualquier tipo de ficción. Si yo pudiera verbalizar todo cuanto he experimentado en carne propia, contándolo con todo lujo de detalles, quizá me pudieran tomar como una de las protagonistas de las películas que sólo un maestro del cine como Alfred Hitchcock ha sabido recrear. Pero de lo que no cabe duda ninguna es de que tanta violencia como he recibido me ha convertido en una mujer con graves secuelas, secuelas que arrastro hasta el mismo día de hoy, aunque he hecho esfuerzos sobrehumanos por superarlas. Ése y no otro es precisamente el mensaje de este libro. No obstante, no me gusta hablar con odio de quien fue mi marido, tal vez porque tengo muy presente lo que mi abuelo me dijo antes de morir, «la violencia genera violencia», y porque tampoco mi «vara de medir» es ésa. Soy totalmente consciente de que su comportamiento no fue el correcto y no me vale, por supuesto, la expresión de «en aquella época todos los hombres maltrataban a sus mujeres», porque mucho más antiguos eran mis padres y mis abuelos, y jamás, JAMÁS, hubo una discordia o un mal trato por parte de los hombres hacia las mujeres de mi familia, al contrario, siempre hubo un exquisito respeto y esa educación nos fue inculcada a todos. Entonces, muchas veces me he preguntado: ¿hasta qué punto el que fuera torero de moda, Jaime Ostos Carmona, no puede estar reproduciendo una conducta aprendida y aprehendida en su familia?

Conversaciones con mi abuelo

Corría el año de 1969, en que el gobierno de España nombraba una comisión investigadora para esclarecer el asunto Matesa, en el que Luis Buñuel fue designado maestro de cine en la clausura del Festival de Venecia, en que Mariano Díaz se proclamaba vencedor de la vuelta de Cataluña, y el mismo también en que Nuria Espert y su compañía obtenían el gran premio especial del XVI Festival Internacional de Arte Dramático. Una tarde de ese mes de septiembre, cuando mi abuelo Víctor se había convertido en octogenario, fui a visitarlo al castillo de Priego, donde tenía fijada su residencia. En la víspera había comenzado a sentirse mal y me había avisado de su estado de salud:

—Nieta, hace unos días estaba fantásticamente bien, me saltaba una mesa con los pies juntos, pero ahora me siento regular.

Me senté a su lado y le dije que no se preocupara, que se pondría bien enseguida:

—Ya sabes que septiembre es un mes complicado para todos. Los cambios de estación suelen afectar a la salud, incluso a mí, que soy más joven.

Pocos días después prefirió que lo lleváramos a Sevilla por si empeoraba. Durante su estancia en la capital hispalense le dieron varios infartos, por lo que fue trasladado de inmediato hasta el hospital, en donde se mantuvo estable en el transcurso de los siguientes días, eso sí, con cuidados intensivos y con serias sospechas de que su estado podría empeorar. La noche del martes 14 de octubre de 1969 la temperatura había bajado considerablemente en la ciudad de la Giralda, y también la esperanza de que la salud de mi abuelo se restableciese. Habíamos hablado con el equipo médico que lo atendía y todos coincidían en que su muerte era cuestión de horas, ya que había perdido mucha sangre. Recordé entonces el deseo que siempre albergó mi abuelo de morir desangrado, solía decir:

—Yo lo que le pido a Dios siempre es una muerte serena, con mi familia alrededor y a ser posible desangrado.

En esos momentos comprendí lo que tantas veces había repetido aquel hombre postrado ahora en su lecho de muerte:

—Nieta, ten mucho cuidado con lo que pides a Dios porque éste, sin duda, te lo concede.

Todos nos mantuvimos preocupados por su estado de salud en las restantes horas; sin embargo, él era, precisamente, quien con más serenidad afrontaba aquella situación. Siempre fue un hombre luchador que en ningún momento se había rebelado contra el destino. No perdió ni la lucidez ni la conciencia en aquellas horas amargas. Sabiéndose moribundo quiso satisfacer una última voluntad, la de estar junto a mí para darme una serie de recomendaciones para cuando él dejara de existir. Para mí fue la mejor muestra de ese amor que siempre me había profesado, y allí me mantuve durante toda la noche, erguida como un postillón al lado de mi abuelo, junto a su cama, con las manos entrelazadas escuchando su verbo, su palabra, su sabiduría... mientras su pulso se hacía cada vez más tenue. Yo debía estar totalmente preparada para afrontar el fatal desenlace y ya se encargaría mi abuelo de que lo estuviera. Él, que jamás había temido a la muerte y que incluso la esperaba con la serenidad de un hidalgo caballero. Yo le decía: «Abuelo, tenemos mucho tiempo para hablar de lo que quieras, yo creo que ahora debes descansar». Él se quedaba mirándome, con los ojos fatigados y hablaba con voz ronca: «No, nieta, no. Acuérdate del juicio de Sócrates, de la muerte de Sócrates, cuando el carcelero le dijo: "¡Cállate, Sócrates, que mañana no te va a hacer efecto la cicuta" y el filósofo respondió: "Pues dame dos dosis"».

Para mi abuelo la cabeza no debía descansar jamás, se trataba de nuestra única herramienta: «Cuando se pare, ya estaremos muertos». Aquella noche él se sentía sin fuerzas, pero había querido contarme su vida, sus experiencias, sus vivencias... para que me pudieran servir cuando él ya no estuviera.

—Te llevo muchos años, seguramente dentro de unas horas ya no esté aquí, pero en el «hoy» y en el «ahora» querré traspasarte parte de lo que sé, de lo que sin duda morirá conmigo y de lo que tú te podrías valer como aval de una experiencia intensa.

Yo no podía evitar emocionarme, quería salir de la habitación para que él no me viera llorar, pero ya nada importaba, mi abuelo era el más lúcido de todos, el más sereno y el más paciente, sabía que a partir de esos momentos de plena conciencia viviría en horas regaladas por lo que tenía que aprovechar el máximo tiempo posible para transmitirme lo que él quería:

—¿Recuerdas, Consuelo, el día que estábamos paseando y, mirando un escaparate, quedaste enamorada de unos maravillosos zapatos?

—Sí, abuelo, claro que me acuerdo. Eran unos zapatos preciosos, me gustaron una barbaridad y yo quise interiormente que me los compraras, era un deseo oculto, pero intenso, pero me dijiste que esos zapatos eran míos mientras estuvieran en el escaparate, si tú me los comprabas dejaría de poseerlos. Yo por entonces no lo entendí, abuelo, te decía que de ninguna manera serían míos estando ahí exhibidos, que serían de mi propiedad sólo cuando los comprara y me los pusiera, cuando los disfrutara.

Me dijo que una vez que las cosas se compran se pierde la ilusión por ellas. Esto responde a un mecanismo simple de querer satisfacer un deseo humano, pero ese deseo muere una vez satisfecho.

—Mientras resistas frente a la vida, mientras te sigas ilusionando por algo, mientras alimentes esa idea dentro de ti constantemente, será tuya la idea, será tuya la ilusión. Si la satisfaces sin esfuerzo, si lo consigues en el momento, en ese justo instante el deseo se transforma en su materialización y ya no tendrá ninguna validez, morirá tu ilusión, buscarás otra cosa para seguir alimentando una absurda demanda rutinaria de los sentidos y así sucesivamente, los sentidos intentan engancharnos a lo material, los sentidos desean, querrán seguir aferrándonos a lo terrenal, querrán satisfacer continuamente un deseo enfermizo y tú serás, sin duda, esclava de ellos. Sólo el acto de conciencia te salvará, la toma de conciencia. Sócrates, el gran maestro de Platón, desde su «columna socrática» veía pasar a las masas de un sitio para otro, las mujeres llevaban cántaros sobre sus cabezas, los hombres hablaban repetidamente de las cosas cotidianas y los niños jugaban sin conciencia de lo que hacían, sólo él desde esa posición de filósofo tomaba plena conciencia de todo cuanto veía y reflexionaba por medio del pensamiento, por medio de la razón, se decía a sí mismo que sólo el raciocinio habría de sacar al individuo de lo rutinario, de la automaticidad de ese mecanismo simple que poseen algunos seres humanos que son incapaces de plantearse su existencia y que sólo deambulan por el mundo respondiendo a un primario efecto de absoluta demanda de los sentidos.

Siempre había sido consciente del gran privilegio que había tenido poseyendo semejando abuelo, y me jactaba de tal enorgullecimiento, me quedaba ensimismada oyéndole hablar, lo mismo que ocurría con mi padre, aunque en el fondo ambos se distanciaban sustancialmente entre sí en su manera de concebir la vida. A pesar de que mi abuelo era un gran filósofo, su sentido de la espiritualidad estaba mucho más acusada que en la personalidad de mi padre.

Esa noche hablamos de los Evangelios:

—Tú me lo has dicho muchas veces, que con el Evangelio y con el *Quijote* uno es capaz de enfrentarse ante cualquier circunstancia de la vida, me has repetido siempre que son dos libros imprescindibles para poder vivir.

—El Evangelio te enseña ya no sólo a vivir, sino a convivir, no ya a respetar a tus semejantes, sino a respetarte a ti mismo, a entender la existencia como algo que se debe a Dios, a encontrar a nuestro padre celestial en cualquier cosa de la vida: en una flor, en una piedra... en una simple sonrisa.

—A sentirnos humanos, a tener una responsabilidad, ¿verdad, abuelo?

—Justo, a tener una responsabilidad hacia la vida, hacia los demás y lo que es más importante, hacia nosotros mismos, sobre todo hacia nosotros mismos, porque teniendo esa responsabilidad personal uno será capaz de hacerse responsable del resto de las cosas. Nada malo, por tanto, nos puede enseñar la palabra de Dios inmortalizada en los Evangelios. Jesús es el único que nos dice a lo largo de la historia de la humanidad que pongamos la otra mejilla y también que todo se puede conseguir y afrontar con amor, absolutamente todo, el amor es victorioso, el amor mueve montañas. Se nos dice de manera explícita que no alberguemos odio en nuestros corazones, que no caigamos en la infelicidad de odiar, de desear el mal a nadie, ¿acaso existe mayor infelicidad que aquella que se alberga en el alma de quienes alimentan semejantes sentimientos? Por eso, nieta, nunca guardes rencor a nadie. No merece la pena. La vida hay que vivirla, saberla vivir, disfrutar del día a día, aunque muchas veces haya alguien que quiere hacerte la puñeta. No olvides entonar en cada amanecer el *carpe diem* y en cada anochecer el *mea culpa*, se debe hacer una limpieza de conciencia, asumir los errores y aceptar las equivocaciones de los demás, ser tolerante, respetuoso, condescendiente. Nadie, absolutamente nadie, es perfecto, sólo Dios. Ten en cuenta también que para el ámbito de la familia uno ha de responder siempre al principio básico de honradez, pues es el valor imprescindible para consolidar tan importante núcleo. Nada ni nadie deberá dividirlo. En nuestra familia tú sabes, mejor que nadie, que yo he sido siempre el pacificador, el unificador, he unido a cuñados, a primos... La armonía, la comprensión y la complicidad son tres conceptos básicos que deben prevalecer en toda familia, siempre sobre la sólida base del respeto.

Mi abuelo fue siempre una especie de patriarca que luchó por que jamás se desmembrara el núcleo familiar, yo lo sabía y lo valoraba:

—Abuelo, tú siempre nos has dado ese consejo de mantener la familia unida y así seguirá siendo. También nos has dicho que jamás actuemos en contra de nadie por mucho mal que nos hayan hecho. Esto a veces es difícil de comprender, tú debes entenderlo, pero también sé que uno debe reeducar sus sentimientos y llegar al convencimiento de que nada merece la pena más que el vivir y el dejar vivir. Sé que eso lo has puesto en práctica durante toda tu vida y por eso todo el mundo te quiere.

—No hagas nada contra nadie por mucho mal que a ti te hayan hecho porque contra ti misma lo haces. Has de saber que todo el mal que uno haga contra otra persona se volverá contra sí mismo tarde o temprano, es el efecto *boomerang* y sobre esto no hay ninguna duda. Yo soy muy viejo, he vivido mucho, he visto mucho y he aprendido mucho. Dices bien cuando haces la apreciación «reeducar los sentimientos», eso conlleva un aprendizaje y es el mismo que quiero transmitirte a ti.

Mi abuelo, mejor que nadie, sabía que sería su última noche, es duro pensarlo pero no para alguien a quien la muerte no asustaba lo más mínimo, sin embargo él necesitaba seguirla desafiando mediante las palabras, mediante el verbo. Aún precisaba un poco más de tiempo y hacía todo lo posible por que el efecto de aquella «cicuta» siguiera aguardando. Rememoró su tiempo de infancia, traía a colación recuerdos de antaño que también necesitaba contar:

—¿Sabías, nieta, que mi padre, cuando yo tenía siete años, me puso levita y chaqué?

—No, abuelo, no lo sabía, nunca me lo habías contado. ¿Y por qué te vistió tu padre así siendo tan pequeño? (...)

—Quería cuidar de mi padre, que era tuberculoso, quería inventar algún remedio para aquella enfermedad. Pero mis padres murieron en seis meses. Luego decidí cambiar de carrera, la carrera de medicina me gustaba, pero no tenía estómago, solicité un tribunal para presentarme a Derecho... Estudié en Granada... Al terminar Derecho me hice cargo de mis hermanos, el pequeñito tenía año y medio cuando murieron mis padres, mi hermana estudiaba interna con las monjas... En la casa teníamos a un cocinero que se hacía cargo de nosotros, se llamaba Liborio, pobre Liborio, ¡qué buena persona era!

Yo escuchaba a mi abuelo y aguantaba por momentos el llanto. Sabía lo difícil que había sido para él la vida y cómo había luchado para sacar adelante a todos sus hermanos.

—A la vida uno ha de enfrentarse con coraje, siempre con coraje, la vida es un toro y hay que agarrarla por los cuernos y mirar siempre de frente. Todos los duros acontecimientos que nos vayan sucediendo se deben afrontar con la entereza suficiente y también con gran serenidad.

—No recuerdo haberte visto nunca con ira, ¿cómo es esto después de todo lo que has pasado?

—Mira, nieta, hace diez años quizá hubiera mostrado ira, enfado... pero ahora no, he sabido estar fuera de todo cuanto me inquietaba, he conseguido sosegar mi espíritu, y no sin esfuerzo, claro está, pero al alma también hay que trabajarla... ¡Ay, el alma! ¿Sabes qué es el alma? Sí, nieta, sí... El alma, el alma es un concepto difícil de dilucidar, los hombres primitivos consideraban al alma como algo material, una sombra, el propio aliento... Para ellos todo eso era alma... El alma a la que yo me refiero es otra cosa, tampoco es la que la religión nos ha enseñado, esa «entidad» independiente de nuestro cuerpo, sino más bien el alma como un elemento de la conciencia, quizá más cercana al alma de Platón o a la de Hegel, esa sensación sensorial inferior del espíritu en su nexo con la materia... Tú, nieta, sabes mejor que nadie a qué alma me refiero, hemos mantenido muchas veces conversaciones filosóficas, conversaciones teológicas... Tú y yo hemos llegado incluso a filosofar sobre el concepto de identidad... ¿Qué es la identidad, querida nieta? ¿Qué es para ti la identidad? Yo moriré en breve, quizá no vea ni siquiera amanecer, ¿te has parado a pensar qué ocurrirá con mi identidad, que sólo es mía e intransferible? ¿Desaparecerá quizá tras la muerte? ¿Será como si antes nunca hubiera existido? ¿Acabaré siendo simplemente recordado sólo en la memoria de quienes me conocieron? ¿Y si no es así... adónde irá?

Incluso en aquellos momentos que para mí eran muy duros, intentaba reflexionar sobre lo que exponía mi querido abuelo, un abuelo, si cabe, más lúcido que nunca, aunque en el filo de su eterno viaje:

—Mira, abuelo, tú sabes que hemos comentado mucho la teoría ontológica y cognitiva de Platón.

Mi abuelo pareció recobrar fuerzas, me apretó la mano y dibujó una sonrisa:

—Así es, querida nieta, *Fedón o del alma*... Pues por ello, un hombre o una cosa determinada parece ser idéntica a otra cosa, sin embargo hay algo que los difiere, ¿acaso no es eso la identidad? Pero identidad, el concepto de identidad, sólo está en el ser humano, ese alma de la que te hablaba hace un momento es lo que nos da la identidad, y esa identidad pervive por siempre ubicada no se sabe dónde, para los que creemos en un Dios, para los que pensamos que hay otra vida, seguirá persistiendo en esa otra vida... ¡Por eso no temo a la muerte!

Mi abuelo Víctor consiguió transmitirme una gran paz:

—No tengas duda, nieta, el ser humano simplemente cambia de etapa. Yo, como entidad pensante, en estos momentos en que estoy gratamente hablando contigo tengo una gran tranquilidad de conciencia, una extraordinaria lucidez, el morirse simplemente implicará cambiar de estadio, quiero seguir estando totalmente lúcido dentro de poco, cuando ese momento llegue, intuyo que será en pocos minutos y para entonces querré experimentar esa sensación única, no me rebelaré ni un solo minuto ante la inevitable experiencia de la muerte. Quiero saber qué es, qué se siente en esos momentos previos a la expiración, quiero compartirla contigo, a quien tanto amo, y quiero que no sientas ni miedo, ni lástima.

Esta conversación me servía de terapia, una terapia que a medida que iba transcurriendo ese preciado tiempo me iba alejando más y más de la necesidad de llorar. Mi abuelo me estaba simplemente preparando lo mismo que si fuera un psicólogo para afrontar su fallecimiento con total naturalidad, como una etapa más de la vida:

—Abuelo, y si tú te mueres, que tanto te quiero, que tanto me has ayudado, que tanto amor te tengo, ¿qué será de mí mañana?

—Nieta, ¿por qué te afanas por el mañana? Si el mayor don que tienes es la vida y ya ves que no está ni en tus manos ni en las mías... Mira, por ejemplo, algo tan simple en apariencia como los pájaros del cielo, que ni siembran ni cosechan, y mi padre celestial les da de comer todos los días, y mira los lirios del campo que ni Salomón, con todo su esplendor, se pudo vestir con esos elegantes colores.

En ese momento mi abuelo pidió agua, apenas si podía tragar pero necesitó refrescar su sedienta garganta y sus resecos labios que comenzaban a tener un color morado. A continuación suspiró y continuó hablando:

—Un día, Consuelo, tú eras muy pequeña, me vino a visitar un señor joven y me vino a pedir dinero para poder comer. Yo satisfice su demanda. Nos metimos en mi despacho, me contó una penosa historia y entendí que era una situación delicada. ¿Acaso no imaginas de quién se trataba? Era el hijo de mi peor enemigo.

Me asombré y pregunté si había ayudado al hijo de su peor enemigo. Mi abuelo Víctor asintió:

—Sí, él no tenía culpa de nada. Tuve muchos enemigos políticos y su padre fue el que más se ensañó conmigo. Pero, nieta, no quiero dejar en herencia ni odio ni rencor, id a reconciliaros con cada uno de mis enemigos, id a sembrar buenas voluntades y sanas esperanzas con sus descendientes, lo dejo como mi última voluntad; si a mí me hicieron daño, qué importa, si me quemaron la casa, sólo a Dios habrán de rendir cuentas, si me martirizaron en grado máximo sólo por no comulgar con la dictadura y por luchar a favor de la libertad del ser humano, qué más me da, si ni al propio Cristo lo entendieron y tuvo que implorarle a su padre celestial que los perdonara, que no sabían lo que hacían. Yo tenía dinero, nieta, y me compré la vida, pero... ¿Y el pobre que no pudo hacerlo? Perecería sin remedio... A ése lo matarían... ¿Quién es nadie para quitar la vida de nadie si sólo al Dios todopoderoso le corresponde? Mas si han de rendir cuentas, ya lo harán ante Dios, ante su justicia divina.

De repente pareció quedarse sin fuerza y me preocupé. Le tenía cogida la mano y el pulso se iba desvaneciendo por momentos. Su respiración se hizo de nuevo más agitada.

—Abuelo, ¿por qué no descansas un rato?

—Sí, nieta, descansaré en el momento de morir, ya va llegando mi hora... Pero te repito que no le tengo miedo a la muerte, ningún miedo. Sobre todo... ten en cuenta todas estas... indicaciones para la vida... Síguelas tras mi muerte... Nada merece... la pena más que la propia vida... Sé feliz, nieta...

Me desaparecieron curiosamente las ganas de llorar. Las palabras de mi abuelo se habían instalado en algún lugar de mi cerebro y me habían hecho más fuerte. Su mano iba adquiriendo poco a poco una aterradora frialdad. Dejó de hablar. En esa última noche de vida, él mantuvo una gran serenidad y por momentos me di cuenta de que sus ojos se habían humedecido, haciendo acopio de experiencias vividas. Recordé muchos episodios acontecidos junto a él, nuestras mutuas travesuras, nuestra inmensa complicidad. En medio de esos recuerdos mi abuelo dejó de respirar. Momentáneamente noté que en aquel cuerpo ya no estaba mi querido abuelo. No lloré. Aquella larga conversación postrimera me había servido para comprender muchas cosas, entre ellas, que debía ser más fuerte que nunca a partir de entonces y que debería enfrentarme sola a las duras circunstancias por las que estaba pasando, y sobre todo que habría de defenderme de mi agresor desde un punto de vista intelectual tomando conciencia de que él tendría sólo el poder que yo quisiera otorgarle, nada más que el poder que yo quisiera otorgarle... Y no otro.

El detonante

La muerte de mi abuelo Víctor significó dos cosas para mí. Por una parte, bien es verdad que me quedaba sin un gran apoyo psicológico, sin ese importante pilar sobre el que se sostenía mi existencia, y esto siempre es algo duro y difícil de afrontar. Pero, por otra parte, yo sabía que había llegado el momento de dar ese paso definitivo necesario en mi vida y ser más valiente que nunca a la hora de poner en práctica los sabios consejos de mi lúcido e inteligente abuelo. Con todo, tuve que soportar una última prueba que no fue sino el gran detonante para que el día 21 de octubre —una semana después de fallecer mi abuelo— pusiera kilómetros de por medio y me separara de ese gran verdugo que me estaba haciendo la vida imposible. Así relataba doña Carmen Rendón, la seño Carmeli, ese triste último episodio del que ella, lamentablemente, fue testigo: «Fue en el chalet de la calle Luis Montoto, serían sobre las dos de la madrugada. Jaime había conocido a una chica, tenía trato con ella y le tomaba un odio mortal a su mujer. Esa noche cuando llegó le apagó las luces a Consuelo porque sabía que le daba miedo la oscuridad y lo hacía aposta. Cogió una de las dos pistolas que tenía y la amenazó con matarla, le dijo: "Dame las balas, dame las balas porque te voy a matar con ellas". Claro, Consuelo no se las daba, las había escondido en una caja de galletas y las tenía colocadas en el armario, pero Jaime, sabiendo que ella era muy golosa, creyó que dentro había galletas y no le dio por mirar, ¡menos mal!, porque estaban ahí guardadas, claro. Pero Jaime la agarró y le puso la pistola en la cabeza diciendo que le quedaba una y que se la iba a disparar. Consuelo daba gritos de espanto, chillaba desesperada, yo me levanté al oír el jaleo y fui testigo de toda la escena, cerré las puertas del apartamento de los niños y él, después de estar como loco dando gritos con lo de las balas, cogió el camino y se fue con el coche, pero Consuelo pensó que podía volver en cualquier momento y entre las dos cerramos todas las puertas».

Este episodio dejó una marca indeleble en mi mente. Yo había mandado abrir dos puertas en mi dormitorio, una que daba al pasillo y otra al garaje, pensando en una forma de escape por si llegaba el día en que tenía que proyectar una huida. Me es imposible verbalizar con detalle nada de lo ocurrido aquella noche, mi mente lo rechaza y me siento realmente mal. Creo que me ha salvado el haber sido una persona fuerte, aunque en el fondo creo que todo cuanto he pasado sigue haciéndome herida. Gracias a Dios, el tiempo te hace superar muchas cosas y con eso quiero quedarme, eso es precisamente lo que quiero transmitir a las mujeres que estén pasando por mi misma experiencia. ¡Habréis de ser fuertes!, es mi mensaje. ¡Denunciad a tiempo! ¡Tened valor y luchad por que vuestros derechos no sean arrebatados por nadie! ¡Nadie tiene derecho a maltratarnos! ¡Poneos en contacto con alguna plataforma de mujeres maltratadas que os apoyen psicológicamente y que os ayuden! ¡Hemos nacido libres y seguiremos siendo libres, mujeres que luchamos más que nunca por que no nos pisen, por que no nos sometan y por que no nos maltraten! ¡Basta ya!

Capítulo III

AVE FÉNIX

LA LUCHA POR LA VIDA

«Es preferible que sigas conmigo, porque el día que me dejes, las cañas se volverán lanzas contra ti.» Así me amenazaba Jaime el día en que decidí poner fin a nuestro matrimonio. Pero ¿por qué me hacía semejante advertencia? Encontraría la respuesta poco tiempo después. Los amigos que habíamos tenido durante nuestro matrimonio y que tanto habían frecuentado nuestra casa ahora me los encontraba por la calle y, si podían, me daban la espalda. Hay que tener en cuenta que a finales de la década de los sesenta mi situación era vista por ellos como la de una mujer que había transgredido una norma social, y cuando se infringe una norma, se produce el desprecio; desprecio que jamás me importó, porque yo sabía lo que tenía que hacer, y mi situación nadie la había vivido más que yo y mis hijos. Se produjo, por tanto, una selección natural de esas amistades. Fueron sólo algunos amigos —los que siempre fueron conscientes de los verdaderos motivos— quienes siguieron brindándome su apoyo y manteniendo su incondicional amistad, aunque otros también —hablamos en este caso del género masculino— se acordaron de ella con objeto de prestarme otro tipo de «ayuda». Éstos me atosigaron con sus llamadas, lamentaron que estuviera tan «sola» e insistieron en que estaban disponibles para todo aquello que pudiera necesitar. Yo puedo ser cándida, pero nunca tonta, así que les agradecí sus atenciones, pero viendo sus intenciones pensé: «Cada uno en su casa y Dios en la de todos». De esa forma, siempre con la cabeza erguida, como me dijo mi abuelo, y luchando sin venirme nunca abajo, velando por mi honra y mi dignidad, pero sobre todo por las de mis hijos —ellos y sólo ellos eran quienes de verdad me importaban y quienes más ánimos me infundieron durante aquellos difíciles momentos—, fui aparcando muy paulatinamente esos traumas que había ido acumulando de mi amarga experiencia matrimonial. Mis hijos, sin duda el elemento más importante para tener la fuerza necesaria a la hora de afrontar con entereza mi nueva situación, también vivieron a partir de entonces en la tranquilidad y la paz requerida para unos niños que estaban en pleno proceso de desarrollo, aprendizaje y formación. Me fui al campo con mi hija María Gabriela y mi hijo Jaime, allí les procuré mi infinito cariño y, a pesar de todo lo que había ocurrido, jamás les hablé mal de su padre y les enseñé que siempre debían respetarlo. Hasta tal punto no quise intermediar negativamente en el concepto que debían formarse mis hijos sobre su progenitor que evité hablarles de todos los dramáticos episodios que experimenté a su lado y en mi propia carne. Mis hijos no han sabido nunca lo de los malos tratos, sé que ahora tomarán verdadera conciencia a través de este libro, pero eso es inevitable al día de hoy y ya tienen capacidad para verlo desde otro ángulo sin que les pueda afectar como entonces. En aquella época me lo fui tragando todo yo solita, lo fui sufriendo, aguantando y resistiendo, al tiempo que intentaba por todos los medios que mis hijos se mostraran ajenos, porque un hijo debe respetar a su padre por encima de todo en la vida, alabando sus virtudes y aceptando sus defectos, aunque a veces éstos no puedan ser defendidos, como es lógico, y como es el caso. Con el paso de los años, mis hijos han sabido poner en perfecta práctica esas enseñanzas. Y si no basta con ver las comparecencias televisivas de María Gabriela, quien siempre se ha comportado con exquisita corrección, hay que saber que ella jamás profirió insulto alguno sobre su padre, a pesar de que él sí lo haya hecho sobre ella, comparándola ni más ni menos que con una ventosidad.

Tras la muerte de mi abuelo me puse en contacto con mis tías, a quienes comuniqué la plena determinación que había tomado sin ningún tipo de dilación y sin posibilidad alguna de que ésta fuera revocada. Ellas aceptaron mi decisión y me buscaron un buen abogado, don Luis Uruñuela Fernández, para que comenzara cuanto antes todos los trámites necesarios. Claro que yo aún debía permanecer en el domicilio conyugal, pues en caso contrario se hubiera pensado que yo optaba por el abandono del hogar. Ante la obligación legal de no poder abandonar el hogar matrimonial, yo seguía —en ese momento más que nunca— tremendamente afectada y atemorizada temiendo que Jaime pudiera vengarse. Cuando oía las llaves de la casa, mi organismo seguía respondiendo con vómitos y convulsiones, pero ahora de manera más acentuada que de costumbre, porque era más consciente que nunca de la situación real en la que vivía. Dado que seguía en el mismo estado de delgadez y nerviosismo, él me decía continuamente que estaba loca. Pero no sólo eso, me obligó a que me viera un psiquiatra. Jaime lo exigió para la separación, puesto que, según él, yo tenía manía persecutoria y estaba enferma de celos. Yo nunca me negué a que me hicieran cualquier tipo de pruebas. Los resultados echaron por tierra las acusaciones de Jaime. El catedrático de Psiquiatría de la Universidad de Sevilla, el doctor Francisco Alonso Fernández, me hizo todo tipo de pruebas. Me estuvo tratando durante dos meses, me mandó ansiolíticos y me dijo que yo tenía los síntomas propios de aquellos que salen de un campo de concentración. Sin embargo, me indicó que por lo demás no debía preocuparme, que debía permanecer totalmente tranquila pues no tenía absolutamente nada. Había decidido no contarle muchos detalles sobre las causas reales que me habían llevado a tal situación de pánico. Pero, con todo, el doctor Alonso me hizo una serie de indicaciones. Me dijo que quizá irían apareciendo algunas personas que me dirían que aguantara al lado de Jaime para no dejar a mis hijos sin padre, pero que no debía hacerles el más mínimo caso, que siguiera con mi vida, que estaba perfectamente capacitada para sacar a mis hijos adelante y que en modo alguno debía retroceder en mi decisión. Pero Jaime estaba lejos de aceptar *motu proprio* aquella nueva situación que se le venía encima sin remedio. Al principio me imploraba que desistiese de mi idea, que aquella situación no la soportaría, que ya no volvería ocurrir nunca más y que todo aquello sólo estaba en mi cabeza, que no se trataba de algo real. Pero ya era tarde, no había vuelta atrás; ya nada podía hacerse por salvar nuestro matrimonio, hasta el punto de que la única idea que me tranquilizaba era pensar que estaría lejos de mi maltratador, que viviría feliz al lado de mis niños y que había tomado con total entereza y pleno convencimiento, sin albergar ninguna duda, la decisión de mi vida. Se pidieron seguidamente medidas provisionales y fui depositada por el juzgado en la casa de mis tías —antes domicilio de mi abuelo Víctor— en la capital hispalense. Jaime permanecería por algún tiempo en el domicilio conyugal, aunque finalmente —de nuevo por mandato del juez— sería obligado a abandonar la casa para permitir mi retorno y el de mis hijos. Se iniciaba de esta forma una nueva vida esperanzadora y llena de futuro. Retomé de nuevo las clases y me matriculé en la universidad de Sevilla para estudiar Derecho. Me parecía mentira volver a estar con personas de mi edad. Para entonces yo, mentalmente, les llevaba años luz a mis compañeros porque había vivido una década acelerada e intensa. Pero el hecho de volver a los libros, de retomar aquel entorno estudiantil, me dio la vida. Aparte, aquellos años, desde un punto de vista histórico y político, fueron prolíficos e interesantes para el espíritu de rebeldía que mostraban algunos universitarios, y yo no me quedaría atrás a este respecto, ni me arredraría lo más mínimo ante las circunstancias, sino que haría todo lo posible por ser de ayuda. Ayudé a progresistas, a comunistas, a socialistas, a feministas... todo ello con mucho cuidado y cautela, evidentemente, con la «espada de Damocles» de que me pudieran quitar a mis hijos, porque en aquella época uno no podía sobresalir mucho, pues te daban el golpe ahí, donde más te dolía. Sin embargo, a pesar de haber retomado muchas cosas de mi vida de soltera e intentado disfrutar de mi nuevo estado de separada, Jaime no permanecía apartado ni en el olvido, ni mucho menos. Aquella decisión tomada por la mujer a quien tanto había vejado y a quien constantemente había infravalorado supuso para el «héroe» una auténtica derrota y el peso de su ego —que no el de su conciencia— le hizo reaccionar de nuevo de manera cobarde. Me hacía llegar continuos mensajes amenazantes en donde me dejaba claro que haría todo lo posible por quitarme a mis hijos. Yo estaba decidida a luchar por mis hijos hasta límites insospechados, a velar por su seguridad al máximo y cada minuto. Mi nueva situación me supuso un renacimiento como mujer, una mujer que al fin supo poner en práctica todo cuanto mi abuelo me enseñó e inculcó. Como mujer me ganaría a pulso el reconocimiento de mi lucha en una sociedad complicada y en un entorno difícil que no tenía precisamente ese grado de complicidad que yo hubiera necesitado. Como madre obtuve el respeto y el cariño de mis hijos, que siempre fue correspondido y alentado; y como ser humano me gané el respeto que siempre debí tener.

Ahora era yo y sólo yo quien había tomado con decisión las riendas de mi propia vida.

La sentencia de separación

El 17 de diciembre de 1970, cansada de soportar infidelidades y una vida que más que una vida era un infierno, presenté a través del procurador don Ángel Díaz de la Serna un escrito interponiendo demanda de separación ante el Tribunal Eclesiástico del Arzobispado de Sevilla contra mi esposo, el torero Jaime Ostos Carmona. Las causas de separación —como se recoge en la propia sentencia— fueron: «Adulterio, sevicias físicas y morales, vida criminosa e ignominiosa y abandono malicioso». La misma demanda sería ratificada poco tiempo después por mí, como la demandante, y una vez admitida a trámite, se le comunicó a Jaime, a través del ministerio fiscal, que habría de personarse el día 3 de junio de 1971 a las 11.30 horas de la mañana en ese tribunal por medio de procurador con poder y asistido de letrado con «mandato de Comisión». Sin embargo, Jaime se pasó «a la torera» —nunca mejor dicho— tal orden de emplazamiento y se negó a comparecer sin haber alegado absolutamente nada. Nuevamente, el día 14 del mismo mes se le hizo requerimiento, juntamente conmigo, para que por medio de «Defensas y Representaciones» compareciéramos en la sala de Audiencias del Tribunal con motivo de contestar a la demanda y de fijar el «Dubio del Litigio», bajo apercibimiento —si no compareciere— de tenerle por contumaz y rebelde. Efectivamente fue declarado con ambos adjetivos, pues como era de esperar no compareció en el día requerido, quedando fijada la «fórmula de dudas», y por oficio el día 16 del mismo mes se le comunicó a Jaime, como demandado, dicha fórmula, con un plazo de diez días por si tuviera algo que alegar. Una vez que se tuvo constancia de que él había recibido el comunicado debidamente notificado, se abrió un «período probatorio» otorgando un plazo de cuarenta días a ambas partes para que pudiéramos aportar las pruebas que nos pudieran interesar. En ese plazo tampoco compareció Jaime, por lo que el ministerio fiscal declaró: «La mejor e irrefutable prueba de que son CIERTAS las CAUSAS que se alegan por la ESPOSA la da el mismo ESPOSO, con su actitud de REBELDÍA y de CONTUMACIA... Esta actitud no se explica si no fueran CIERTAS las imputaciones y acusaciones de que es objeto por parte de la ESPOSA». De la misma forma yo presenté lo que se llama técnicamente «ramo de pruebas» y se señaló un mes como plazo de ejecución tras haberse estudiado minuciosamente todas ellas, aportadas en este caso únicamente por mí. Las mencionadas pruebas eran las siguientes:

A. *Prueba de testigos*: entre ellos doña Carmen Rendón García, a quien ya he aludido anteriormente, más conocida como la seño Carmeli. Ella dijo ante el juez lo mismo que había dicho en algún programa de televisión aunque dando muchos más detalles: «Los malos tratos eran continuados, tanto de palabra como de obra, él la insultaba y le decía cosas terribles, que no me atrevo ni a repetir, de los malos tratos físicos puedo contar que una noche él llegó a casa y entró en su habitación, llevando un cuchillo. Apagó las luces y como a ella le daba mucho miedo la oscuridad, ella salió corriendo para el dormitorio del niño, que estaba enfermo, se metió con el niño en la habitación y entonces llegó Jaime con el cuchillo y la sacó de allí. Cuando yo vi que pasaba eso, le dije que la dejara, pero él insistía en que la iba a matar. Otro episodio horroroso fue un día en que pegó un puñetazo en una mesa de cristal sin motivo ninguno y sacó un trozo y la arrinconó diciéndole que también la iba a matar». La seño Carmeli insiste en la posesión de armas de fuego por parte de Jaime: «Tenía dos pistolas pequeñas que guardaba bajo la almohada y con las que amenazaba a la señora diciéndole que la iba a matar. Además, un día de esos en los que él venía como se ponía, le dio un puñetazo fuerte en la boca y tuvieron que llamar a un amigo cirujano, el doctor Sebastián García Díaz. Éste le dio ocho puntos de sutura y ella tuvo que comer incluso con una pajita».

El cirujano, el doctor don Sebastián García Díaz, fue también otro de los testigos, y a ellos se sumaron otros diez, es decir, hubo un total de doce. Este catedrático de Cirugía —amigo de la familia— afirmó ante el juez que me había tenido que suturar la herida del labio con ocho puntos, que tenía cuatro centímetros y medio de herida, y que yo le había dicho que me había caído de la bañera, si bien él llegó a la conclusión de que la herida no había sido producida por una caída.

El Tribunal Eclesiástico estimó que

«Resultan SUFICIENTEMENTE ACREDITADAS las imputaciones FÍSICA Y MORALMENTE "SEVICIALES" y sobre todo la FÍSICA SEVICIAL, acreditadas por vía TESTIFICAL y por PERSONAS dignas de todo crédito, que se muestran testigos PRESENCIALES, que testifican y testimonian de CIENCIA PROPIA. Familiares, médicos y personas al servicio del matrimonio. MALOS TRATOS de OBRA y de PALABRA, GRAVES, INJUSTOS y sobre todo HABITUALES y CONSTANTES (hay testigos que afirman [sobre Jaime Ostos] haberla MALTRATADO "MUCHAS VECES"). Malos tratos capaces de infundir MIEDO Y PÁNICO al ÁNIMO más templado».

B. *Documental*: la documental demuestra el adulterio del torero mientras estuvo casado con Consuelo Alcalá. Las pruebas que aporta la esposa fueron la correspondencia mantenida con la amante, fotos en actitudes claramente deshonestas e incluso reconocidas luego por la propia amante, una amiga íntima de la familia. El Tribunal se pronuncia al respecto en los siguientes términos:

«[Todas esas pruebas] hacen INCLINAR nuestro ÁNIMO en pro de la petición de la ESPOSA y ESTIMAR el ADULTERIO que imputa a su ESPOSO. ESTIMAMOS la acusación e imputación de INFIDELIDAD CONYUGAL (no condonada, ni motivada, ni provocada, ni compensada, por la ESPOSA), EXTREMOS que al ESPOSO correspondería PROBAR "JURÍDICA Y SUFICIENTEMENTE"».

Así, pues, el día 8 de marzo de 1972 se decretó la conclusión en la causa una vez publicado todo lo actuado. Se cerró así el período probatorio y se abrió lo que se llama período de discusión, mediante el cual se otorgó un plazo común de doce días para poder presentar un escrito de alegaciones. Finalmente, el 12 de abril de 1972, el ministerio fiscal emitió el informe definitivo, mediante el cual se decretó la separación perpetua por ADULTERIO y temporal por SEVICIAS y ABANDONO malicioso, «en favor de la esposa y en contra del esposo», absolviéndole de la vida criminosa e ignominiosa «por no haber constancia en autos de lo que exige la Ley y la DOCTRINA». Nuestros hijos pasaron a la autoridad y educación mía, como madre, y las costas corrieron a cargo del esposo demandado y vencido.

Mi renacimiento como mujer

Nunca es fácil renacer, y no todos poseen, desafortunadamente, esa capacidad; muchas veces tampoco son ayudados por las circunstancias. En primer lugar yo tuve que luchar contra mí misma, mi pensamiento aún seguía la inercia que había vivido junto a Jaime, él me había hecho creer que era una mujer inútil y que no servía para nada. Sin embargo, tuve que estar preparada psicológicamente para vencer en esa lucha interna y para ganar la nueva partida que me brindaba la vida. Transcurridos nueve años desde la separación, en los que tuve entre otras prioridades el irme formando universitariamente, encontré de nuevo el amor, aunque mi mala experiencia con mi anterior matrimonio siempre me mantuvo en una continua e inevitable alerta. No obstante, tomé una vez más la importante decisión de contraer matrimonio y de aquella bonita y duradera relación, fruto de ese gran amor, nacería poco tiempo después mi tercer hijo, en este caso una hija: Manuela. Una preciosa niña rubita, de grandes ojos claros y de gran belleza, que significó para mí un esperanzador soplo de aire fresco y una maravillosa nueva etapa de mi existencia. Manuela fue ese ser que yo necesitaba en esos momentos. La niña me llenó de paz y tranquilidad y yo ejercí una vez más de madre, lo cual me colmó de ilusión. Manuela era una niña maravillosa, y lo sigue siendo; llena mis días, al igual que mi marido. Ambos contribuyeron a que yo fuera arrinconando los malos recuerdos del pasado, aunque con frecuencia han ido aflorando de manera fortuita en mi mente, quizá como un continuo desafío inconsciente de mi memoria frente a mi pretensión de querer olvidar. Me sentí nuevamente protegida con mi nuevo matrimonio y mi vida fue adquiriendo sentido una vez más, aunque de manera lenta y paulatina. Tras la maternidad y las renovadas ilusiones vendría con el tiempo una nueva sorpresa y una experiencia más: la de ser abuela. Mi hija María Gabriela me brindaría tal oportunidad dándome dos fantásticos nietos. El primero fue Víctor, un niño de inteligencia muy por encima de la media y de rasgos perfectos; y la segunda fue Sol, una niña de aspecto delicado, de hermosos ojos y muy cariñosa. Sé que se me enciende la mirada cuando hablo de ellos, pero además no quiero, ni puedo evitarlo. Mis nietos son la alegría de mi casa. Con Víctor puedo mantener cualquier tipo de conversación, porque a pesar de ser un niño que ha hecho hace poco la Comunión, te sabe responder a cualquier tema con una sorprendente madurez. A veces me he llegado a plantear seriamente si no será la viva reencarnación de mi abuelo Víctor, para empezar ya tiene su mismo nombre. En cuanto a Sol, es una niña encantadora, con mucha disposición práctica hacia la vida y tanto el uno como la otra me adoran y yo los quiero enormemente, para mí lo son todo, me maravilla irlos viendo crecer, han supuesto en mi vida un respiro, un soplo de aire fresco, una nueva manera de concebir la existencia y en gran parte gracias a ellos estoy viva y quiero seguir viviendo.

—Mamiguga, cuando tengas una pesadilla, haz todo lo posible por convertirla en sueño, una vez que la conviertas en sueño ya no te atormentará.

Es una recomendación de mi nieto. A lo que yo le respondo:

—Sí, tesoro, pero no es fácil convertir una pesadilla en sueño, ¿cómo se hace eso?

Víctor deja de jugar con el ordenador y se aproxima.

—Es muy fácil, mientras duermes y experimentas la mala sensación de la pesadilla, tomas conciencia de que estás soñando y haces la conversión. Es cuestión de ir tomando práctica, Mamiguga, pero es sencillo.

Ante el calado de sus pensamientos e inquietudes, no resulta extraño que en ocasiones me vea incapaz de responder a sus preguntas.

Por su parte, Sol es una criatura fantástica que no duda en tomarme de la mano cada vez que se encuentra conmigo para «echarme cinco euros de gasolina»:

—Mamiguga, ¿te echo otros cinco euros?

—Claro, Solete, échame otros cinco.

La «gasolina» de Sol consiste en ir dándome besitos en todo el brazo y en abrazarme con fuerza para decirme cariñosamente:

—Mamiguga, te quiero más que a mi vida.

—Tesoro, yo sí que te quiero.

Soy hoy, afortunadamente, una mujer renacida de mis propias cenizas. En la actualidad tengo la gran apoyatura de mis hijos y de mis adorables nietos y eso es lo más importante para mí. Claro que tengo dos nietos reconocidos y una «nieta» sin reconocer. Y esta última es alguien que también me ha embarcado en una nueva lucha.

Gisela y Profilium Nacional

El jueves día 5 de noviembre de 1992, la revista *Hola* sorprendió con un amplio reportaje en donde aparecía una atractiva señora recién dada a luz, Aurora Díaz Guía, que afirmaba que la criatura que sostenía entre sus brazos —explícitamente mostrada en la foto— era hija del torero Jaime Ostos. Aurora Díaz había dado a luz a su hija unos días antes, el 15 de octubre de 1992, en la clínica de la Concepción de Madrid. La supuesta hija de Jaime se iba a llamar Penélope Judit, según Aurora, porque a su padre le gustaba mucho la primera parte del compuesto, pero al final se le puso el nombre de Gisela. Aurora, licenciada en Filología Francesa, estaba por entonces separada de su anterior matrimonio y era madre de cuatro hijos, sin contar a Gisela. Ella aseguraba que la niña era fruto del amor que había surgido entre ella y Jaime, y que había sido el propio Jaime quien le había pedido que pasara por un embarazo de nuevo. Aurora recordaba que eso era lo que Jaime le decía cuando ella le aseguraba que no estaba dispuesta a ser su amante. Aurora estaba convencida de que ella y Jaime se irían a vivir juntos y ya estaba comprando cosas para el que iba a ser su nuevo hogar, en Puerta de Hierro, adonde se iba a trasladar desde el hospital junto con la niña. Pero la realidad fue otra bien distinta. Por un lado, Aurora se quedaría esperando a un amante que nunca más aparecería por su vida, y Gisela permanecería en la infructuosa espera de un padre que incluso la rechazaba públicamente diciendo que ni era su hija, ni quería saber nada de ese asunto, y que apostillaba que no conocía a esa «señora» de nada —refiriéndose a Aurora— al tiempo que añadía alguna que otra vulgaridad a las que es tan aficionado. Desde luego si hubo alguien perjudicado en esta historia a tres bandas, fue sin duda la propia niña. Aquel parto supuso, pues, el primer paso en el camino de toda una gira televisiva en la que Jaime, el presunto padre, no dudó en entrar por dos motivos fundamentales, aparte del económico, por supuesto: por un lado, el hecho de aparecer en el ruedo de los medios de comunicación implicó para él retomar esa fama perdida en el coso —evidentemente su vida profesional hacía mucho tiempo que se había apagado totalmente—, y por otro lado, esto le dio la oportunidad de poner en práctica un nuevo tipo de toreo: el toreo de «salón televisivo», en el que Jaime ha seguido ejerciendo de él mismo, y los periodistas se han convertido en los nuevos «miuras» a los que hay que «poner las banderillas», «lidiar» y finalmente «matar» delante de los espectadores. Eso es lo que Jaime quería, sentir una vez más la fuerza de la adrenalina. Mi propia hija, María Gabriela, ha dicho que su padre confundía los platós de televisión con una plaza de toros, pero para mí, más que los platós de televisión, Jaime ha confundido su propia vida con la lidia del toro.

Gisela fue creciendo mientras veía a través de ese ruedo televisivo a un supuesto padre que ni tan siquiera ha mostrado el más mínimo interés en hacerse las pruebas de ADN para determinar si es o no el progenitor. Esto es algo que afecta indiscutiblemente a la vida psíquica y emocional de una niña que tiene la necesidad de saber cuáles son sus raíces. Así lo contaba en determinado momento Aurora: «Mi hija está bajo tratamiento psicológico porque su padre no quiere reconocerla, pero aun así ella le perdona todo, porque claro, es su padre, y ella me dice: mamá, es que está muy viejo, y los viejos se ponen tontos». Gisela ha llamado a lo largo de estos años en numerosas ocasiones a su padre, intentando obtener una simple respuesta, un mínimo gesto de cariño. Su madre, sin embargo, le advierte que tampoco puede estar molestando con esas repetidas llamadas por mucho que ella sienta la necesidad de hacerlas: «Yo a mi hija le digo que no incordie tanto a su padre, pues si no quiere ponerse en contacto, pues no quiere... pero claro, yo no soy su hija, y en el fondo entiendo su actitud».

Gisela es una criatura tierna, una niña que quiere encontrar algo tan simple y tan lícito al mismo tiempo como es su propia identidad. Es como si estuviera invertebrada, le falta un padre, que al mismo tiempo identifica con alguien que sale continuamente en programas de televisión, porque se le ha dicho que ése es su padre, pero lo que recibe de él es su desdén, y lo que es peor, su desprecio. Tengo una carta que Gisela me ha escrito con unos dibujos que fue dibujando en los bordes del papel. Se dirige a mí con el apelativo de Mamiguga, como hacen mis propios nietos. Que me llame así es algo bastante significativo, porque forma parte de la inmensa demanda de afecto y de la necesidad de sentirse vinculada que tiene Gisela, por eso me identifica con alguien dentro de su familia, pero no como su abuela, si no como su «hada madrina». Así me lo decía en la carta:

Madrid, 3-12-03
Mamiguga:

No sabes lo orgullosa que me sentí anoche de verte en *Tómbola*: estabas tan guapa y te notaba tan superior... No quiero que digas que soy una nieta para ti, eres demasiado joven para ser mi abuela y yo te necesito a ti joven y fuerte como eres para seguir tu ejemplo. Yo creo que tú eres mi hada madrina. De pequeña, cuando estaba triste o tenía miedo, mi madre me decía que las niñas como yo éramos hadas porque pertenecíamos a otro mundo, el mundo de las hadas, y que cada hada tenía su hada madrina. El día que te conocí, comprendí que tú eras la mía. Así la había imaginado siempre: tan joven que no tenía edad, tan luminosa, tan bella, tan radiante, tan etérea, tan buena y tan mágica. Eres como Campanilla, tu mirada sonríe y tus ojos desprenden chispas de colores. Por eso que no eres de este mundo, los hombres no te comprenden, porque sólo son eso, hombres, y tú vuelas muy alto.

Te quiero.

GISELA FEBRE

Gracias precisamente a Gisela nace la Asociación Profilium Nacional, presidida por mí y cuya secretaria es mi hija María Gabriela. Profilium nace con la idea de ayudar al acercamiento entre padres e hijos, también con la idea de informar y asesorar jurídicamente a aquellas personas que reclaman un reconocimiento de paternidad, como es el caso de Gisela, apoyándoles en todos los aspectos, y por supuesto, en el aspecto emocional, que es tan importante. Es importante decir que tal asociación se constituye, con sede en Sevilla capital, sin ánimo de lucro y en virtud del interés general y la participación ciudadana. A través de Profilium pretendo defender, fomentar y mejorar la integración de los hijos no reconocidos en todos los ámbitos y promover actuaciones que vayan dirigidas a la protección y el estudio de esta realidad social. También se pretende la representación y el agrupamiento de los socios que voluntariamente soliciten su integración en la asociación, adoptando resoluciones que por su importancia afecten a los intereses de los mismos de forma individual o colectiva. Profilium recoge y sirve de cauce a las reivindicaciones del conjunto de los socios para la consecución de una progresiva mejora de la calidad de vida familiar, fomentando la participación social y la convivencia democrática. Canaliza las inquietudes de los socios y las hace llegar a los organismos competentes, sin prejuicio de la labor reivindicativa de sus miembros. Se pretende igualmente fomentar la igualdad entre sexos y rechaza cualquier tipo de discriminación por causa de género u orientación afectivo-sexual, fomentando todo tipo de medidas y programas educativos, sociales, culturales e iniciativas jurídicas tendentes a este fin. Reivindica el derecho de todos los ciudadanos a participar activamente en la creación y consecución de una sociedad igualitaria. Desde luego pretendemos también llevar a cabo actividades culturales, exposiciones, charlas y actos que fomenten las relaciones entre padres e hijos fuera del matrimonio y el respeto de las familias directas hacia los hijos nacidos en relaciones extramatrimoniales para mejorar las relaciones familiares. Profilium tiene previsto organizar intercambios y otras actividades que ayuden a niños y a mayores a interrelacionarse dentro del ámbito familiar.

A Profilium podrán pertenecer todas aquellas personas mayores de edad y con plena capacidad de obrar, que tengan interés en el desarrollo de los fines de la misma y siempre que no estén sujetos a ninguna condición legal para el ejercicio del derecho. La petición de ingreso en la asociación deberá acompañarse de una simple solicitud por escrito del interesado, en donde figure el nombre, apellidos, domicilio y DNI.

La pugna familiar

Todo comenzó un día en que María Gabriela estaba tranquila en su casa y encendió la televisión. Estaba preparando la merienda de sus hijos y puso atención a algo que se estaba emitiendo. Se trataba de una entrevista que se le hacía a Aurora Díaz —alguien totalmente desconocida para María Gabriela por entonces—, quien afirmaba, con certeza absoluta, que era madre de una hija de Jaime Ostos, el padre de María Gabriela. Sin dudarlo ni un minuto, María

Gabriela marcó el teléfono de su padre y otra persona que no fue él contestó la llamada:

—¿De parte de quién?

María Gabriela se identificó.

—De parte de su hija.

Al otro lado del teléfono le dijeron que Jaime no tenía ninguna hija, mientras se le proferían toda clase de insultos sin dejarla hablar. En ese momento María Gabriela colgó, volvió a llamar, y entonces su padre cogió el teléfono, colgando después. Fue entonces cuando María Gabriela —inmersa en tan inesperada situación y llevada por la emoción ante la impotencia inmediata—, se sintió, por un instante, sin identidad, y pensó que si ella percibía tan desagradable sensación, ¿cómo podría sentirse una persona más pequeña?

Ese mismo día respondió al impulso inmediato de tener que ponerse en contacto con un programa de televisión, con la intención de ayudar a esa niña a saber quién era su padre y alegando que, si en realidad Aurora Díaz estaba realmente convencida de que aquella criatura era hija de su padre, ella estaría dispuesta a hacerse las pruebas de ADN con el fin de demostrar que las afirmaciones de Aurora eran ciertas. Cuando le enseñaron la foto y conoció personalmente a la niña, ya sí que no albergó duda alguna acerca de cuál debería ser su actitud a partir de entonces.

El 18 de febrero de 2003, Jaime se enfrentaba a Aurora Díaz en el juzgado tras haber ésta reclamado legalmente la paternidad de su hija y sintiéndose apoyada por la hija de Jaime y por su ex mujer. Jaime compareció ante los medios públicos mostrando su particular visión de por qué se le reclamaba esa pretendida paternidad: «Es novia de la momia y necesitaba dinero porque necesitaban montar un disco y yo estoy tranquilísimo. Esta señora ha puesto una demanda a su marido para que reniegue la paternidad de la niña y a mí para que la admita» y añadía: «Yo he pescado siempre en alta mar, no en la charca». Al día siguiente, la madre de Gisela y Jaime se vieron de nuevo las caras en el juzgado. En esta ocasión la propia Aurora quiso defenderse de los ataques diciendo: «Es un absurdo, pero como todo lo que dice. He presentado fotos de los dos juntos durante el embarazo de mi hija y he visto a Jaime bastante nervioso y torpe contestando, como se pone él cuando está nervioso e intentando mantener sus postura machista y ofensiva, pero le han parado los pies». Por su parte, la abogada de Aurora añadía: «La negativa [a hacerse las pruebas de ADN] es lo que va a determinar que se declare la paternidad reclamada».

A partir de aquí, se fueron sucediendo repetidas intervenciones en diversos medios de comunicación. En todos los programas Jaime no sólo arremetía contra Aurora Díaz, sino también contra su propia hija por haberle ofrecido su apoyo. Quizá muchos recuerden las bochornosas declaraciones del padre contra su hija —en ese momento no presente— en una cadena privada. María Gabriela, por su parte, supo guardar las formas mientras comparecía al mismo tiempo en otra autonómica, y cuando le preguntó el entrevistador qué sentía, ella respondió con un lacónico: «No siento». Sin embargo, poco después, María Gabriela intentaría acercarse a su padre, al mismo tiempo que infructuosamente pretendía hacerle comprender que la mejor solución para dejar zanjada aquella situación era hacerse las pruebas de ADN. Pero él insistía en su negativa, negando incluso su aprobación para que María Gabriela se las hiciera, si querían seguir reconciliados. Ella mantendría una posición educada y reservada. Evidentemente le importaba mucho el haberse reencontrado con su padre, pero también debía ser congruente con su ética personal. Reconciliados padre e hija, aquella nueva situación dio paso a que también se restableciera el contacto con sus nietos, Víctor y Sol, quienes encandilaron a Jaime, aunque no por mucho tiempo. En los sucesivos meses era fácil ver a Jaime y a su hija asistir juntos a determinados actos públicos. Llevaban diez años de distanciamiento y las crónicas de entonces destacaban lo emocionado que estaba Jaime con los hijos de María Gabriela, a quienes no conocía. Luego seguiría la Feria de Abril de Sevilla, en donde también se pudo ver pasear juntos a padre e hija, pero cuando parecía que todo estaba arreglado, María Gabriela hizo unas declaraciones públicas —ante la imposibilidad de convencer a su padre para que de una vez por todas se sometiera a las pruebas de paternidad— en donde dejaba claro que si ella tenía que hacerse las pruebas, se las haría, sin que ello provocase problemas con su padre. Así pues, el 10 de junio de 2003 fue la fecha en que tuvieron lugar esas pruebas por parte de María Gabriela. La propia Karmele Marchante —periodista del mundo de la prensa del corazón y nada querida por Jaime— anunciaba tal acontecimiento de esta manera en su página web:

> Jaime Ostos deberá reconocer a su hija
> K. Marchante (02-09-03)
>
> Por muy famoso y popular que se sea, la justicia pone a cada cual en su lugar. (Aviso a navegantes con ínfulas de estar por encima del bien y del mal.) Y Jaime Ostos, ese señor de ademanes hoscos y palabras malsonantes, tendrá que reconocer a la hija que tuvo con Aurora Díaz y que tanto ha dado que hablar. La propia familia del ex matador ha facilitado las cosas poniéndose del lado de la madre y de la criatura y sometiéndose a las pruebas de ADN que él siempre repudió.

Tras Karmele Marchante, todos los medios de comunicación del país se hacían eco también de la noticia. Las pruebas realizadas a María Gabriela daban un alto índice de probabilidad de ser hermana de Gisela, por ello el juez determinaría finalmente que Jaime era padre de la niña, aunque, como era de esperar, él no tardó en recurrir la sentencia. Este asunto llevó de nuevo al distanciamiento entre María Gabriela y su padre, distanciamiento que aún dura hasta el día de hoy.

«NI SOY NI HE SIDO NUNCA UN MALTRATADOR»

Mi hija María Gabriela me pidió que compareciera para apoyar el caso de Gisela, y por supuesto, yo lo hice sin reticencia, y ahora desde Profilium lo sigo haciendo. A partir de ahí, Jaime arremetió contra mí de forma impresionante, pues bien, qué le vamos a hacer, su manera de actuar es su manera de actuar y no tengo nada que decir al respecto, simplemente que hablamos lenguajes distintos y es probable que nunca lleguemos a un entendimiento. Ahora bien, podría ser honesto y humilde, y reconocer que me maltrató, otros famosos lo han hecho y se ha vuelto incluso a restablecer una relación familiar que hasta ese momento era inexistente. Jaime se muestra siempre en unos términos muy duros y fuera de lugar cuando se le pregunta por mí, afirma cosas como: «Tiene Alzheimer. Consuelo me odia a muerte y mi hija María Gabriela también». Sin embargo, la realidad es otra y bien distinta. Parece que a Jaime se le ha desenmascarado, por lo menos ante la mayor parte de la opinión pública, y eso es precisamente lo que no debe de llevar muy bien, hasta el punto de que su única salida es el insulto y el descrédito hacia los demás. Es cierto que todo el mundo tiene derecho a su propia defensa, pero nunca negando la evidencia. Existe una sentencia firme que no deja lugar a dudas y mucho me temo que es ante ella cuando Jaime se queda total y absolutamente desarmado. Refiriéndose a mí en este sentido afirmaba: «Esa señora miente descaradamente, ni soy ni he sido jamás un maltratador, ni físico ni psicológico. Jamás la maltraté. Y no sé a cuento de qué sale ahora con una historia falsa que no tiene ni pies, ni cabeza». En un reciente programa de televisión se despachaba de la siguiente manera cuando se le preguntaba si me había pegado alguna vez: «Si yo he tenido algún defecto en el mundo, es cómo yo he tratado de bien a las mujeres. Cuando esta persona [refiriéndose a mí] me pide a través de su tío, José Tomás Rubio Chavarri, la nulidad eclesiástica, el tío, un gran abogado, me dice: "Pasa lo siguiente, para que le den rápidamente la nulidad, yo presento la demanda, que es dura, siempre que tú no comparezcas". Por eso dice la sentencia que se me condena por rebelde y contumaz». Bueno, la sentencia lo condena por otros motivos mucho más graves, como ya se ha señalado en páginas anteriores. Por otro lado, existen cartas de mi tío, el propio abogado mencionado, a quien Jaime ha poco menos que acusado de manipular la situación para obtener la nulidad con la mayor premura posible. En estas cartas se deja constancia, una vez más, de la evidente realidad, realidad que para nada se parece a la que afirma Jaime:

Tánger, 26 de abril de 1971

[...] Luis no necesita otra indicación que la de que los cargos han de ser el adulterio probado por «el montón de cartas» y las brutalidades y violencias sobre las cuales te sobran pruebas.

Sin embargo, también sería muy bueno que tú personalmente visitases al juez eclesiástico y le explicases tu razón al «haber querido dejar las espadas en alto» y tu amargo convencimiento actual de que nada puedes esperar ya.

María Consuelo, hija, no olvides que en este problema tuyo eres tú, como mujer, incluso como hembra y desde luego como madre, la que con tu tacto, tu instinto y tu conducta, tienes que poner en todo y para todo la parte principal. Y en ella, nadie podemos reemplazarte ni sustituirte. Solamente aconsejarte.

Quiero aconsejarte, porque es oportuno, no ya todo el contenido de mi carta del 16 septiembre 1970, sino especialmente su último párrafo.

Te decía entonces: «No debo ocultarte que a mí el sistema que me gusta es el de que fueras capaz de ofrecer a tu marido, como contraste de su vida atolondrada, fantasiosa y atormentada, el remanso de una existencia de paz serena y honda, con una administración sensata y ejemplar y, en todo, todo el plomo en los pies de una gran señora». [...]

Tánger, 21 de mayo de 1971

[...] El episodio que me refieres no me extraña. En lo que concierne a tu galán, pone de manifiesto que, aparte de ser un tarambana, ninguna fijeza ni compromiso ni estabilidad podría suponérsele en ninguna de las andanzas en que se meta, porque recordarás que, años atrás, la Doña Inés con la cual parecía que iba a levantar vuelo «en pos de una pasión» era precisamente esta que ahora se descubre en funciones subalternas y accesorias de simple «rueda de repuesto».

A tu respecto, hija, lo que importa es que tú mantengas en todo y por todo «el rango y el ringo» correspondientes a una gran señora. Los chismorreos y las maniobras de tipo financiero no me dan ni frío ni calor. [...]

Por último, existe una carta en la que mi tío se dirige a Jaime en estos duros términos:

Tánger, 24 de agosto de 1972

Por otra parte, no he de ocultarte que María Consuelo se resiente y se afecta —y yo creo que demasiado poco— con tus dichos y amenazas.

Con todo el aplomo de mi hombría cabal, tengo que decirte una vez más que, en ese camino y por esos medios, no te hagas ilusiones algunas: María Consuelo, y yo en su defensa, no perseguimos sino que las cosas se hagan a derechas, sin baladronadas ni vanidades y, si es posible porque tú coadyuves, por un camino particular y quizá más ventajoso para ti mismo que para nadie más.

Pero si en virtud del art. 1.º, que dice que todo el mundo puede hacer lo que le da la gana —naturalmente que pagando los vidrios rotos—, tú niegas tu colaboración, otra vez será la justicia la que haya de intervenir también para la solución del problema patrimonial en cuestión.

Notarás perfectamente la dureza de mis palabras. Yo soy así. Si tengo un afecto —y tú sabes bien que a ti te lo profeso— lo mantengo. Pero a la hora de afrontar responsabilidades y deberes, no hay quien me tuerza.

Por si estas pruebas no bastaran, quiero recordar las palabras del propio Diego Morilla —el que fuera mozo de espadas de Jaime— tras la entrevista que se le hizo en un programa televisivo en donde una periodista le preguntaba lo siguiente:

—Usted que ha vivido tan cerca la vida de Jaime Ostos, ¿cómo recuerda la convivencia que tuvo Jaime con su primera mujer?

Diego, ya anciano, contestaba sin reticencia.

—Mala... Le pegaba todos los días.

La siguiente pregunta era la esperada.

—¿Por qué motivo pegaba a Consuelo?

Diego no titubeaba en su acusación.

—Le pegaba porque no se llevaba bien con la tía de Jaime, con los tíos de Jaime que vivían en el chalet.

La periodista insistía en este asunto.

—¿Ha llegado a amenazar Jaime Ostos a Consuelo Alcalá alguna vez?

Diego, testigo de excepción de nuestra convivencia, afirmaba sin la menor duda.

—Todos los días.

La periodista quería seguir recabando información al respecto.

—¿Qué tipo de amenazas?

Y Diego aclaraba con pleno convencimiento.

—Que yo sepa no amenazas, si le tenía que pegar un puñetazo se lo pegaba.

Diego Morilla ha estado trabajando al lado de Jaime durante más de cincuenta años y no le mueve a hablar ningún móvil económico. Es importante hacer esta aclaración.

Por último, Manuela, la hija de una asistenta nuestra, también comentaba los abusos que su madre le había contado que había presenciado mientras trabajó en nuestra casa: «Mi madre ha vivido con este señor los maltratos que le daba a su ex mujer». Y añadía: «Que lo pague. Antes era el señorito en Andalucía, el que mandaba, el clásico cacique, el que dominaba y las mujeres tenían que callar. Mi madre ha sido maltratada igual que Consuelo con Jaime Ostos».

Capítulo IV

REFLEXIONES

MI COMPROMISO

Llevo mucho tiempo pensando en que tengo que tener un compromiso, un compromiso con la vida, porque si todos nos callamos, esta situación se vuelve a repetir una y otra vez en cualquier casa, en cualquier barrio, en cualquier ciudad. Ya se sabe que el maltrato a una mujer no es algo que suceda sólo en algunos estratos sociales, sino que es una desgracia que puede aparecer en cualquier clase social. Pero, si no hay una clara denuncia, esta desgracia se repite cada vez más. Ya hay más de veinte mujeres muertas en lo que va de año. Si hubiéramos tenido veinte víctimas del terrorismo, ya sean de ETA o del terrorismo internacional, hubiéramos salido a la calle a protestar y a defender nuestra libertad. Sí, pues hay más de veinte mujeres y no ha habido una protesta colectiva.

Hace poco estaba en Torremolinos con una plataforma

de mujeres maltratadas que se llama Violencia Cero. Esta plataforma es un colectivo muy grande de cinco mil ochocientas mujeres. Nos reunimos y yo tuve una pequeña intervención. Durante las jornadas tuve la oportunidad de conocer a la madre y la hermana de una chica que habían estrangulado. Me quedé muy impactada con todo lo que me contaron, tanto que llegué a mi casa con la tensión altísima. Yo me pregunto, ¿si no estamos en guerra, si estamos supuestamente en una sociedad del bienestar, en una democracia, no es esto un despropósito? He hablado mucho con ellas, ahora necesitan hablar con personas que puedan entenderlas, escucharlas.

Mi compromiso es intentar que estas cosas no pasen más, está claro que pueden pasar, pueden pero no deben pasar, las víctimas deben tener una voz. Pero de momento no hay voz ni tampoco solidaridad. La voz es lo que la víctima tarda más en recuperar, y no me refiero a la voz fisiológica, sino a la que es capaz de denunciar y de hablar de lo que le ha pasado. Si yo tengo que decir «yo he sido maltratada» lo tendré que decir muy rápido y todavía me cuesta decirlo. Es que entra un componente de dignidad muy fuerte, para mí no era admisible, no te perdonas que te hayan maltratado, o que tú misma hayas dejado que te maltratasen. La clave está en perdonarse el hecho de haber dejado que te ataquen. Muchas veces me he repetido: «Y quién soy yo para haber permitido esto, por qué, por qué he dejado que pasara, pero por qué», y la respuesta que me he dado con el correr del tiempo es que he permitido que me maltrataran porque no era yo, había perdido mi identidad completamente.

Lo primero que hace un maltratador es despersonalizarte, tratarte como a un gusano, decirte que no mereces la pena. Yo con quince, dieciséis y diecisiete años me veía vieja, me veía fea, me veía gorda y me veía de todo. Pesaba cincuenta y dos kilos, no era fea y por supuesto no era vieja, pero así me veía, aunque no lo fuera, eso es lo de menos, así era como yo me veía. En un momento dado tú ya no eres tú. Por eso muchas veces me convenzo a mí misma y me digo: «Pero vamos a ver, que es que no eras tú, ahora sí tendrías capacidad de respuesta, ahora no podrías dejarte, no te dejarías, ahora no porque eres tú, pero entonces no eras tú». Cuando yo estaba casada con Jaime me consideraba una persona a la que tenían que enseñar. Cuando yo conocí a Jaime mi padre había muerto recientemente. Mi padre era un hombre al cual yo adoraba, era un hombre muy sólido, un hombre que no había mentido nunca, de una categoría y una caballerosidad enorme. Cuando murió mi padre, busqué otro padre, pero Jaime me salió un mal padre. A mí no me había pegado mi padre más que algún guantazo en el culo cuando hacíamos algo malo, pero eso no es un maltrato ni mucho menos, ni como tal yo lo vivía, en el maltrato hay ensañamiento.

Tuve la oportunidad de estar en Auschwitz hace cuatro años y cuando llegué allí me entró como una especie de escalofrío, como un temblor por todo el cuerpo, me puse a llorar sin poder parar, sin cerrar los ojos se me caían los lagrimones. Sentí que aquello tenía una energía diabólica, la energía que deja la indignidad y el maltrato al que someten a un ser humano. Estando allí pensaba que yo prefería que me hubieran tirado dieciocho bombas, antes de haber tenido que sufrir la humillación. Ni un animal hace eso con sus víctimas, ellos las cazan y se las comen. Es un tema de dignidad. El ensañamiento y la tortura es algo que no se puede seguir permitiendo. Yo salí de allí con unas ganas inmensas de gritar y de chillar. El traje que llevaba puesto no me lo pude seguir poniendo, tuve que lavarme el pelo, cambiarme, quitarme los zapatos, como si aquello me hubiera contaminado. Era como una contaminación de indignidad.

El maltratador tiene claro que lo primero es romperte como persona, quebrar tu personalidad, tu alma; después busca que no encuentres nunca apoyo y que desconfíes de todo el mundo.

Volver a vivir

Yo me he podido reconstruir como persona porque he contado con la base de mi abuelo y de mi padre, que son dos personas que ya están muertas. He logrado acceder a ellos a través del recuerdo y también de la búsqueda espiritual. Los dos eran personas con unos límites muy marcados, con una dignidad muy clara, que supieron hacer frente a los problemas. Creo que si no hubiera tenido ni ese padre ni ese abuelo yo no habría podido sobrevivir. En muchas ocasiones quise no vivir, en muchas. No tenía miedo a la muerte, incluso había veces en que prefería que me matara. Lo que pasa es que tenía dos niños y no me podía permitir ese lujo. Además eran pequeños, si yo hubiera tenido hijos mayores hubiera sido más sencillo, pero con dos niños chicos para los que solamente existía yo, no me podía permitir ese lujo.

Lamentablemente es muy común que el patrón de conducta de un hombre maltratador se repita en su hijo. A él su padre lo maltrató, sin embargo esto no puede servir como excusa al maltrato. Yo no sé si él me maltrataba de esa forma porque tenía miedo, ya he dejado de pensar en lo que le pasaba o no le pasaba a él, ahora quiero saber lo que me pasaba a mí. Al principio todo era lo que le pasaba a él, mi pregunta era siempre «¿Pero qué le pasa, qué hecho yo, por qué le he fallado, en qué le he fallado, qué es lo que he hecho mal?». Y él me decía: «Es por tu bien, tú no te das cuenta que yo te corrijo por tu bien». ¿Por mi bien por qué? El sentimiento que te deja es de impotencia, de indignidad, de no saber si merece la pena nada y tú menos que nada. Tengo claro que si yo no hubiera tenido dos hijos pequeños, él me hubiera matado. Y hubiéramos acabado.

Mucha gente me pregunta si el miedo al maltratador sigue existiendo; claro que sigue existiendo, pero ahora puedo salir, sabría cómo salir. Está claro que gracia no me hace, pero ahora yo podría tener un recurso nuevo, algún tipo de salida. Eso es algo que he pensado en muchas ocasiones: «¿Por qué no utilizaste tal o cual defensa?». O me digo:

«¿Pero por qué no hiciste tal o cual cosa?». Si además él me estaba dando pautas y yo no me daba cuenta. Me doy cuenta ahora a toro pasado. Tal vez hubiera podido bajar el tono de la voz, mirarlo de otra forma y no tenerle miedo. Se siente miedo en el cuerpo, porque el alma ya está destrozada. Aunque cuando tienes un dolor tan grande en el alma, muchas veces no sientes el cuerpo, o lo sientes pero te da igual. Eres como un espíritu que no tiene cuerpo. A mí me han cosido nueve puntos en la boca, me los cosió sin anestesia un médico que me advirtió que para darme anestesia general primero tendría que ir al hospital y dar parte de la lesión, y si me daba anestesia local se me deformaría la boca, con lo cual nada, me los cosió así, sin más. Los nervios de los músculos faciales me quedaron todos bien. Cuando me estaba dando los puntos, el médico me dijo: «Te va a doler». Y me dolía, pero no era un dolor inaguantable. Y es que hay veces que un dolor en el alma es tan inmenso que casi es preferible un dolor físico, para ver si te saca esa pena. Quiero decir que a lo mejor te encuentras fatal y te pegas un tropezón y te caes y dices: «Menos mal que ya me duele donde me pueda tocar».

Todos los golpes, las peleas, los daños físicos se terminan curando de alguna manera, lo que se queda es el sentimiento de indignidad, que es lo peor que una persona puede sentir. Uno puede vivir —o por lo menos así lo creo— sin dinero, se puede vivir sin éxitos, sin aplausos, pero sin dignidad es imposible. Para mí es imposible, quizá porque yo he visto cómo mi abuelo se comportó durante toda su vida, incluso cuando tuvo que vivir una ruina grandísima. Y entonces a lo mejor no había solomillo, había croquetas, pero las croquetas estaban sobre un pañito de hilo almidonado. Las personas de mi infancia estaban recubiertas de nobleza. Daba lo mismo en la mesa en que se comía, si la mesa llevaba un mantel o no lo llevaba, si te sentabas en el suelo o en un sillón, pero con entereza. El haber perdido la dignidad es lo que no me perdono. Eso es lo que me falta todavía, el perdón. Sin embargo, es curioso, cuando di el paso de separarme de Jaime, recuperé mi dignidad porque había podido dejarlo.

Yo tenía dos hijos y tenía que resurgir yo solita con mis niños, ser capaz de hacer esto, ser capaz de hacer aquello, era la principal idea en mi cabeza; ser capaz, ser capaz, seguir, seguir, seguir, seguir, seguir. Después de separada, estudié Derecho, llevaba el campo y los niños y hacía otras muchas cosas. Cuando iba a la Feria de Sevilla, aunque yo no bebo alcohol, siempre me daban una copita y me decían: «Pero, chiquilla, tómate una copita» y yo respondía: «No puedo tomarme una copita porque si a mis dos hijos les pasa algo, aunque sea una apendicitis, a ver quién toma las decisiones». Sentí que era yo la que tenía toda la responsabilidad sobre mis hijos. Ya no conté con él para nada, tenía la sensación de que los hijos eran míos. Él por supuesto también los soltó, pero yo lo decidí previamente, no he tenido colaboración por su parte. Eso es algo que me dio fuerza. A una mujer le dan muchísima fuerza los hijos, grandes o pequeños, pero sobre todo los pequeños. Sabe que no puede dejarlos, y reacciona para protegerlos como reaccionaría un animal. Será una hormona, será lo que sea, a mí me gusta echarle la culpa de todo a las hormonas. Es muy drástico lo que ellas determinan, tanto como que una mujer cumple treinta y tantos años y le entran unas ganas inmensas de tener un hijo. A mí no me pasó porque los tuve muy joven y con treinta años ya tenía dos, después tuve una hija más porque me encontré con un amor enorme y quería tener un hijo con mi pareja, ya que los dos primeros los había tenido en soledad.

Aprender a vivir conmigo misma

Ya he dicho antes que por los hijos se aguanta absolutamente todo, y que muchas veces son los mismos hijos los que evitan que renuncies a tu vida; sin embargo, alguien que también me ayudó a salir de esta situación de maltrato permanente fue el psiquiatra que Jaime quiso que fuera a ver, porque decía que estaba loca. Eso es lo que dicen todos. Pero le salió mal. Jaime insistía en que mi problema era que yo tenía manía persecutoria por celos. Algo absolutamente absurdo, si yo en realidad cuando él se iba me quedaba en la gloria, porque por lo menos no me sentía amenazada. En mi casa, cuando él se iba vivíamos estupendamente. Quiero decir que ésa es la idea que ellos se montan, la de que es una manía persecutoria de celos. Yo acepté diciéndole que yo iría donde hiciera falta. Ya pesaba muy pocos kilos, estaba fatal y me vio Alonso Fernández. Es probable que nunca lo supiera, pero a mí ese hombre me resolvió la vida. Yo tenía mucho complejo de culpa porque me decía: «Vas a dejar a unos hijos sin padre». Pero el último día que estuve con Alonso Fernández, cuando me dijo que tenía los síntomas de los que salen de un campo de concentración, algo cambió en mí. En realidad no existe mucha diferencia entre un campo de concentración y lo que yo viví. Claro que se diferenciaba en que yo disfrutaba de grandes ventajas materiales y los prisioneros de los campos de concentración no, pero estoy segura de que era el mismo miedo. Yo comía, pero tenía el estómago cerrado y no podía comer; tenía para comer, pero no se me sostenía nada en el estómago. Eran síntomas de la necesidad que sentía de huir. Así que cuando salí de su consulta, Alonso me dijo: «Bueno, yo ya mi trabajo lo he terminado». Entonces me echó el brazo por los hombros y añadió: «No tengas complejo de culpa, tú no eres la enferma, tú puedes con tus hijos sola, no le hagas caso a nadie». Sentí que en realidad no debía sentir culpa por lo que me estaba pasando. Se lo agradeceré toda mi vida. Pasé de haber perdido a mi padre y de perder al padre de mis hijos, a ser mi propio padre, además de ser la madre y a la vez el padre de mis hijos. Se puede decir que he encontrado a mi padre en mí, muchas veces incluso me veo hablando como él.

Antes yo creía que no debía hablar, que estaba faltando a algo si hablaba, a la dignidad de mis hijos, a la dignidad de mi familia, sentía que ponía a esta última en una mala tesitura. Debe de ser que soy un poco siciliana con ese tema, no acepto nada bien que se metan con mi familia. Puede que ésa sea otra cuestión que pueda achacársele a los genes.

Ahora cuando más feliz soy es cuando veo a mis dos nietos y a mis hijos en casa comiendo, y a los pequeños jugando; entonces me siento realizada. Yo puedo ser una mujer apasionada, como las demás mujeres, pero en este caso no me refiero a la felicidad que proviene de la pasión, sino a un sentimiento como de plenitud, de sentirse completa. Un día estaban los niños jugando y al verlos me dije: «Esto, esto es la felicidad». Fue un verdadero momento de iluminación, algo magnífico. Es algo que no he sentido ni siquiera con un amor estupendo. Fue como si me levantara del suelo, tanto se debió de traducir ese momento en mis facciones, que mi nieto se me quedó mirando y me dijo: «Mamiguga, qué cara más bonita tienes» y es que el rostro se me había iluminado.

Así que ahora, con más fuerza, más serena y feliz, me doy cuenta de que lo que más me cuesta, o lo que más me ha costado siempre es perdonarme a mí misma. Pero estoy segura de que ya me perdonaré, porque hay días en los que me digo: «Hoy me voy a perdonar un poquito», y como soy yo muy exigente conmigo misma, lo cumplo. Claro que tengo miedo, pero el ser valiente no es sólo superar el miedo, sino que es también aprender a entender tu miedo.

Día a día me estoy reconociendo más y más, y ya no siento tanta vergüenza por lo que me pasó. Antes pensaba que no me iba a poder quedar sola nunca y ahora lo hago sin problema, incluso me encuentro muy a gusto. El otro día pensaba: «Ay, qué bien me llevo conmigo, Dios mío, qué a gusto estoy, no me contradigo siquiera». Por la radio escuché una vez una cosa muy divertida: alguien que se había casado consigo mismo, esa idea me pareció genial. Pues yo ya estoy que me caso conmigo misma de lo a gusto que estoy.

También empiezo a disfrutar de cosas de las que no había disfrutado en la vida. Por ejemplo ir al cine, antes tenía que ver una película con alguien para comentarla luego, ahora no me importa ir sola. Tampoco podía tomarme un café en soledad. Un día que iba en el coche me dije: «Oye, vamos a ver, tú eres una maleducada contigo, si tú llevaras aquí al lado a una persona que fuera conocida nada más, ni siquiera amiga, le preguntarías si querría parar a tomar un café, luego ¿por qué no te paras tú a tomarte un café contigo misma?». Así que me paré y me tomé mi café. Al principio no sabía tomármelo porque no había nadie con quien compartirlo, estuve buscando la complicidad de los que estaban alrededor. Eso fue la primera vez, a la tercera ya pude disfrutar del momento. Y ahí empezó mi esfuerzo, me decía: «Vamos a ver, ¿tú ahora de qué tienes ganas?». Yo no me había preguntado nunca de qué tenía ganas, he hecho lo que tenía que hacer y punto. «¿De qué tienes ganas?» «Mira, yo ahora de lo que tengo ganas es de tomarme una coca-cola, de sentarme aquí a leer mi libro y de poner una buena música.» «¿Quién te prohíbe que hagas algo que quieres?» Nadie lo hacía, pero yo tenía la sensación de que me lo prohibían. Ahora me levanto, pongo la música, cojo mi libro y digo: «¡Ay, qué a gusto estoy!». No me he peleado conmigo misma ni un minuto. Estoy aprendiendo a convivir con mi propia persona, de verdad que sí.

A lo mejor esto es lo que puede ayudar a las personas que han sufrido un proceso de maltrato para poder reconstruirse, para volver a atenderse, porque yo creo que quererse a uno mismo significa justamente eso.

Antes sentía que debía llevar el boletín de notas puesto en la frente, diez, diez, diez. Porque se me había exigido mucho, yo a mí misma me había exigido mucho. Y ahora, si me equivoco, pues me he equivocado. El otro día me empezaron a dar un consejo y yo dije: «Mira, yo hasta ahora he oído consejos siempre, y os lo agradezco, pero esta vez me voy a equivocar yo sola, yo solita, que me equivoco, pues me he equivocado». Me quedé muy aliviada, me sentí muy a gusto después de haberlo dicho.

Ahora sé que a mí lo que me hace más feliz de todo son los niños, tener a mis nietos a mi alrededor. Cuando estoy mal, mi hija me los manda y me pongo bien al segundo. Hablo mucho con ellos, nos divertimos mucho, jugamos, tengo la complicidad que tenía con mi abuelo, tenemos unas conversaciones larguísimas. Víctor y yo tenemos una hucha y estamos echando monedas de dos euros, ya llevamos dos años desde que salió el euro, de vez en cuando yo le meto un billetillo, pero, en fin, eso no se lo digo. Con ese dinero nos queremos ir los dos a Egipto, yo no conozco Egipto y él tiene una afición por Egipto tremenda. Le digo: «Pues nos vamos tú y yo de compañeros de hecho».

Cada vez que metemos una moneda ya vemos Egipto. Porque no es lo mismo sacar un billete, que tener dos años la ilusión de que cada moneda es Egipto.

Lo que tengo con mis nietos supera el nivel de lo terrenal, es algo más profundo, no es fácil tener esa comunicación, no es fácil tenerla con nadie, ni grande ni pequeño. Muchas veces yo le digo: «Mira, Víctor, tengo este problema, tú qué harías» y él dice: «Bueno, déjame que lo piense, voy a pensar en ello». Luego lo veo al día siguiente y le pregunto: «¿Has pensado en ello?», y me dice: «Sí, pero me parece que de las soluciones que estoy buscando no te va a gustar ninguna». Ésas son las conversaciones que tenemos. Además, nos reímos mucho. El otro día había quedado conmigo y se le ocurrió, a él que es un niño de once años, irse solo al Starbucks, porque tienen una música que a mí me gusta, además de los *muffins*, los de frambuesa con queso fresco, y el café capuchino que también me encantan. Así que a las nueve de la mañana oigo que dice: «Hotel de cinco estrellas, hotel de cinco estrellas...». Pues se había ido con su dinero, me había comprado un capuchino y un *muffin* de frambuesa con queso y me lo había traído todo a mi cuarto para desayunar, todo comprado con su dinero. Eso tiene para mí mucha más importancia que si me hubieran traído un brillante, ¿para qué quiero yo el brillante?

Para todo lo demás es un niño, juega, hace tonterías, le da patadas al balón, intenta cazar pájaros. Afortunadamente, porque si no pienso que sería muy pesado para él, no lo podría aguantar. En casa no queremos que piense, lo llevamos a kung-fu y a que dé patadas para que no piense. Hace no mucho me dijo:

—Mamiguga, ¿tú crees en Dios?

—Hombre, yo sí —le respondí.

—Pues yo, a veces —me dijo él.

Yo le había dicho que sí para no tener más conversación, así que le pregunté:

—¿Cuándo piensas que sí y cuándo piensas que no?

—Pues yo pienso que sí cuando pasa algo, por ejemplo, cuando a una persona la atropella un coche y a pesar de haberla podido matar no la mata... entonces pienso que sí.

—¿Y cuándo piensas que no? —le pregunté a continuación.

—Cuando veo esa cantidad de niños muertos de hambre, que son niños, y que hay pequeños que tienen cáncer... sí, ¡niños!, entonces yo me digo: «¿Por qué eres tan egoísta, por qué te guardas ese poder para ti?». Entonces pienso que no puede ser Dios tan egoísta y que no existe.

A veces pienso: «Que no piense más, que deje de pensar ahora una temporadilla y que juegue al fútbol».

Mi nieto es como mi abuelo, un espíritu libre y sabio. También yo siento que soy un espíritu libre, especialmente después de haber vivido nueve años en una cárcel, en la cárcel de mi matrimonio con Jaime. Menos mal que la cárcel era de hoja caduca, y que él se iba bastante a menudo. Luego, claro, volvía y empezaba de nuevo el calvario. Pero hay mujeres que sufren cárceles mucho peores que la mía, que era a lo mejor de quince días al mes. El tiempo que él no estaba era un tiempo en el que recobraba un poquito de aire, en el que alcanzaba a recuperarme un poco. Luego venía él otra vez con toda la carga, pero me recuperaba y luego él volvía, me recuperaba y él volvía otra vez. Hay mujeres que no se pueden recuperar ni un segundo, que durante todo el día y todos los días escuchan cosas como: «Pero si tú es que no sirves para lo que sirven los demás», «pero es que tú no sabes nada», y que reciben maltratos psíquicos y físicos sin parar. Si yo hubiera tenido eso perpetuamente, no hubiera podido acabar como acabé. Si hubiera tenido que vivir todos los días esa tortura, no sé cómo hubiera terminado.

Una de las ideas que yo le digo a las mujeres es que no deben fiarse de muchas cosas, yo he podido salir y se sale, se puede salir del infierno, pero lo duro es que tú estás los treinta días del mes con él.

Lo que a mí más me aterra es que me aten. Yo no me ato a nada, ni a una idea, ni siquiera me empeño en nada por no tener cosas a las que atarme, no tenía ni fotos siquiera para ilustrar este libro y se las he tenido que pedir a mi madre. No tengo ningún complejo faraónico, tampoco me he visto en la televisión. Necesito la libertad como el aire para respirar y el aire con mucho, mucho oxígeno.

Las mujeres y el maltrato

El maltrato físico a las mujeres tiene una presencia inmediata porque es notorio y concreto. Se puede ver a través de las lesiones físicas. Sin embargo, el maltrato siempre empieza por el maltrato psíquico, nunca por el físico. Muchas mujeres sufren constantemente el maltrato psíquico por parte de sus parejas o incluso por parte de sus compañeros de trabajo o de sus jefes, pero al ser un tipo de maltrato menos evidente parece que fuera menos importante. Pero no es así, de hecho no se llega al maltrato físico si antes no se ha sufrido algún tipo de maltrato psicológico.

La situación de maltrato empieza por cualquier motivo, incluso cosas sutiles que parecen que no tienen ninguna importancia son suficientes para despertar al maltratador. Algo tan sencillo como el hecho de decir: «Pues mira, no se han llevado esta bandeja todavía», te puede llegar a decir: «No, si ya lo sabía yo, no eres capaz ni de llevarte la bandeja». Digo esto que es una tontería, pero sí, llega un momento en que hay una bandeja olvidada encima de una mesa a consecuencia de la cual se forma una situación violenta que termina en maltrato.

Muchas personas me preguntan por qué. «¿Por qué te pegaba?», me dicen. A mí ésa es una pregunta que me pone muy nerviosa. Hay varias preguntas o afirmaciones estrella, ésta es una de ellas, pero también: «A mí me dan la primera, pero la segunda no» o «¿por qué no lo has dicho?», «¿por qué no lo has denunciado?», «¿por qué te callaste?». Para aclarar todo esto quiero ser muy clara; punto número uno, en aquella época no había denuncias. Además, si decides ir a denunciar tienes que ir ya dispuesta a terminar, y nunca se va dispuesta a terminar. Del todo no.

Llega un momento que sí, y ése, ése es el momento en el que corres a la comisaría. Pero cuando ese momento llega ya no preguntas a nadie ni nada, ya haces lo que tengas que hacer y acabas con el tema. Pero mientras que decides si sí o si no, empiezas a reflexionar: «Si denuncio ahora, se va a venir contra mí y va a ser peor. Además, a lo mejor puede que esto ya no tenga arreglo, pero puede que sí. Porque si yo cambio y digo tal o hago cual tal vez exista una posibilidad. Ahora se ha enfadado porque el mantel es azul, pues la próxima vez pongo el mantel blanco y así ya no se enfada por el mantel azul». Lo que quiero decir es que estás poniendo y poniéndote parches para ver si eso puede solucionar la situación. Y luego está la vergüenza que sientes por lo que te pasa.

Antes, el solo hecho de que mis amigas o mis amigos o la gente con la que yo iba supieran que a mí me habían maltratado era un sentimiento de vergüenza e indignidad muy grande. Con mis hijos he hablado después, con mi hija más. Ellos nunca vieron ni vivieron el maltrato porque nosotros en casa, cuando veíamos que Jaime llegaba de aquella manera, decíamos: «Los niños, tata, los niños fuera, los niños, los niños, los niños». Si yo veía que entraba así, mi prioridad eran los niños. El problema es que otras veces no lo veías venir, otras veces se iba calentando él solo.

Saber por qué se comportaba así y poder predecirlo es algo en lo que se piensa mucho, esto es algo que sirve para explicar por qué las mujeres permanecemos tanto tiempo sujetas a una situación de maltrato, porque queremos saber y queremos encontrar una solución a algo que no tiene solución. Por eso yo creo que el tipo de inteligencia que tenemos las mujeres, que no es el mismo que tienen los hombres, juega mucho en nuestra contra. Está claro que hombres y mujeres somos de distinto planeta, yo no sé quién es el de aquí, ni quién es el de fuera, pero de otro planeta seguro. No somos iguales. Ni el cerebro es igual, ni funcionamos de la misma manera, ni hormonalmente estamos afectados de la misma manera. Nosotras somos dadas a analizarlo todo, en demasía, lo queremos muy pormenorizado, nos gusta saber los motivos de absolutamente cada cosa y ver por qué y cómo podemos arreglar las situaciones conflictivas. La inteligencia también es distinta, no somos iguales, no pensamos lo mismo, no tenemos la misma visión; es decir, yo creo que es que ni vemos lo mismo.

Es muy importante que las vías judiciales para las demandas por malos tratos sean más eficaces, más funcionales. La legislación actual no está mal, lo que me parece es que tiene difícil cumplimiento. Porque ¿dónde están los juzgados?, ¿dónde están los psicólogos en los juzgados? Sería necesario que las víctimas tuvieran fácil acceso tanto a una cosa como a la otra. Una persona que está en esa circunstancia necesita mucha comprensión y ayuda. Incluso para saber si es verdad o mentira lo que viene a demandar, porque ahora dicen que se denuncian agresiones que en realidad no han ocurrido. Yo eso lo veo muy rocambolesco, pero también puede ocurrir. Entonces lo que tiene que haber es un juzgado cerca que lleve ese tema, pero además en ese juzgado tiene que haber psicólogos y ese juzgado tiene que estar abierto las veinticuatro horas del día. A ti no te matan de 4 a 8 o de 8 a 3, ni de lunes a viernes. La ley está bien, pero para que tenga cumplimiento se tendrá que proporcionar las infraestructuras necesarias. Lo que sí hemos ganado es que ahora mismo la policía está muy sensibilizada con los temas de maltrato, acude enseguida, y los vecinos también. Antes se quedaban callados con la teoría de que no es mi problema. Ahora son los vecinos los que llaman a la policía.

Los psicólogos son también muy importantes, porque son los que van a poder ayudar a la persona a entender lo que le ha pasado y los que pueden dar apoyo y ayudar a superar las secuelas de un maltrato. Un psicólogo ayuda a expresar lo que te ha pasado, a decir en voz alta que has sido maltratada. Antes no se decía nada porque era vergonzoso decírselo hasta al psicólogo. La ayuda psicológica permite hablar de ello y parece que ya no te pasa nada.

Un día yo estuve en televisión y dije que el maltrato era una indignidad, más tarde me llamó la jefa de gabinete de Cristina Carbona, Patricia O'Connor, y me dijo: «Mira, no, no confundas, es una desgracia, no una indignidad. Un maltratador es una desgracia, pero no una indignidad». Y llevaba razón.

RECOMENDACIONES PARA DEFENDERSE Y DIRECCIONES ÚTILES

Lo más importante es denunciar a nuestro maltratador, hay que tener coraje y echar mano de las ayudas sociales que tengamos a nuestro alcance. Si sufres malos tratos físicos, acude a algún hospital o centro de salud para que seas atendida de tus lesiones, solicita allí una copia del parte médico para entregarla en el momento de hacer la denuncia. Para hacerla, podrás ir a la policía local, a cualquier comisaría, al cuartel de la Guardia Civil o al juzgado de guardia, y si lo necesitas, en cualquiera de estos sitios podrás ser derivada a una casa de acogida de urgencias para las mujeres maltratadas. Ten en cuenta una cosa fundamental que no debes olvidar: si acaso temes por tu seguridad o por la de tus hijos, puedes abandonar tu casa sin que se considere abandono del hogar, siempre que presentes demanda de separación o solicites medidas provisionales en un plazo máximo de treinta días en el juzgado de primera instancia o de familia que corresponda a tu domicilio conyugal. Si acaso tus malos tratos son psíquicos, que son los más difíciles de probar, no dudes tampoco en asistir al servicio de atención a la mujer de tu ayuntamiento. La cuestión es luchar, sublevarte e intentar salir de esa situación tan desagradable que te mina por dentro. Piensa que hemos sido muchas las mujeres que hemos pasado por esa circunstancia y hoy felizmente lo podemos contar y mirarlo desde otro ángulo.

Si estás en situación de peligro como lo estuve yo durante nueve años, tienes que seguir una serie de recomendaciones para poderte defender:

Primero: intenta permanecer fuera del alcance de tu agresor. Enciérrate con llave en alguna habitación de la casa que tenga alguna ventana para poder escapar. Intenta tener un móvil siempre o un teléfono a mano para poder pedir ayuda. Huye y métete en casa de alguna amiga o vecina, y, por supuesto, lleva siempre a los niños contigo.

Segundo: si tienes confianza con tus vecinos, puedes pactar con ellos alguna señal para que sepan cuándo estás recibiendo malos tratos, de forma que puedan avisar a la policía. Te podrá valer algún ruido concreto o alguna palabra, o clave.

Tercero: haz todo el ruido que puedas, llama la atención de la gente que pasa por fuera o de los propios vecinos, grita, pide ayuda.

Cuarto: guarda todas las pruebas que puedas: ropa, sangre, objetos rotos y ve anotando en un cuaderno con todo el detalle que te sea posible esas situaciones de violencia. Te servirá para cuando denuncies a tu agresor.

Quinto: los niños también son víctimas de esa violencia conyugal. Enseña a tus hijos a protegerse, a ponerse a salvo cuando el agresor actúe, a que llamen por teléfono o pidan ayuda.

Ojalá, querido lector, querida lectora, mi experiencia relatada en estas páginas con la mayor humildad del mundo, y empleando mis mejores palabras para tus mejores oídos, te haya podido servir para algo. Piensa que tú, y sólo tú, mereces la pena. Aprende a valorarte, a quererte, a volver a ser tú misma, a volver la mirada sobre esa persona que jamás debiste dejar de ser. Y sobre todo, siéntete arropada por un regimiento de personas de buena fe que te quieren y te apoyan.

He querido incluir aquí una carta de mi amiga María Quintana, presidenta de la Asociación contra la Violencia Doméstica, que espero ayude a otras mujeres que estén pasando o hayan pasado por lo mismo que nosotras.

Mayo de 2005
Mi querida Consuelo:

Es para mí un placer ocupar este trocito de tu libro. Recuerdo el día que nos conocimos personalmente; un imán unió nuestros ojos y en un segundo, a través de nuestras miradas, las dos oímos sin palabras el relato triste de nuestro pasado.

Estábamos en televisión defendiendo la misma causa, nuestra causa; algo que marca, que te deja huella aunque sea invisible; algo que se llega a superar pero no a olvidar.

No han hecho falta muchas horas de conversación para darnos cuenta de que compartimos demonios, pero gracias a Dios también ha habido «ángeles» en nuestro camino y en ellos hemos encontrado fuerzas para seguir luchando.

Ahora, estando ya de vuelta, las dos intentamos reconciliarnos con nuestras vidas, seguir hacia delante y tender nuestras manos hacia los demás para que nuestras historias puedan encontrar un sentido al servir de ayuda a otras personas.

Quiero felicitarte especialmente por tu valentía y entereza en tu ir hacia delante, porque cuando te tocó a ti, este problema era como si no existiese.

Esto va cambiando, aunque demasiado despacio. Sigo creyendo que por muchas leyes que se aprueben, si quienes las aplican no son sensibles y no lo hacen bien, de nada sirven.

También quiero felicitarte por este libro, que estoy segura va a ayudar a muchas personas, especialmente mujeres, a ver que con ayuda se puede salir como nosotras, aunque sea difícil hay que salir y mirar hacia delante, no sólo por nosotras, sino especialmente por nuestros hijos, las que los tengamos, ya que no tenemos ningún derecho a que vivan aprendiendo los patrones violentos.

CON LA VIOLENCIA NO SE NACE, LA VIOLENCIA SE APRENDE.

Gracias, Consuelo, por tu ayuda en momentos difíciles, sabemos muy bien tú y yo que, cualquier día y en cualquier momento, estamos ahí.

A mí y a alguno de mis «ángeles» también nos gustaría poner nuestro granito de arena, por eso quiero que las personas que lean estas líneas sepan que existe Juntos Contra La Violencia Doméstica, cuya página web es:

www.juntoscontralaviolenciadomestica.com

Una asociación que, como este libro, pretende ayudar y estar al lado de las mujeres y niños maltratados.

Enhorabuena, Consuelo, y sigue así.

Un abrazo muy fuerte

MARÍA QUINTANA
Presidenta

DÓNDE ACUDIR EN CASO DE SUFRIR MALOS TRATOS

Puedes hacer uso de los siguientes servicios:

1. Servicio de atención inmediata para mujeres maltratadas. Puedes llamar al teléfono de urgencia: 902 11 65 04 (24 horas)

2. Teléfono de urgencia para denuncia de malos tratos: 900 100 009 (llamada gratuita 24 horas).

3. Teléfono único de emergencia: 112.

4. Teléfono gratuito de información 24 horas para la mujer: 900 19 10 10.

5. Comision de Investigacion de Malos Tratos a Mujeres: C/ Almagro 28, 28010 Madrid. Tel. 91 308 27 04.

En cualquier jefatura de policía de cualquier lugar de España, existe un Servicio de Atención a la Mujer (SAM), en donde atenderán su caso con la mayor amabilidad del mundo.

EPÍLOGO
DE BERNABÉ TIERNO

Hoy es para mí un día muy especial, como sin duda lo será para cualquier profesional de la psicología que hace cuanto está en su mano para curar y restañar las heridas psíquicas y emocionales causadas por el maltrato y comprueba con alegría que su paciente progresa, sale del marasmo del pánico y del silencio asfixiante; se va recuperando y ya es capaz de recordar sin lágrimas los hechos y hablar sin tanto miedo del destrozo físico, psíquico y emocional padecido.

Acabo de leer detenidamente todo el libro y con especial atención el prólogo escrito por mi paciente y protagonista de este libro, Consuelo Alcalá, y me siento muy orgulloso de ella por su coraje, por la fuerza moral y el vigor psíquico que manifiesta en la claridad, contundencia y valentía de sus palabras. Denunciar por escrito y con detalle todo el proceso de maltrato padecido y que comenzó en lo físico con la primera bofetada, puñetazo o paliza recibida, no ha sido nada fácil para ella.

Hoy sabe perfectamente Consuelo que el maltratador, desde el punto de vista cognitivo, siempre le deja bien claro a su víctima que él es el dueño y señor absoluto de su persona, de su voluntad y hasta de su pensamiento. La víctima no es nadie, no tiene derecho a pensar por sí misma ni a tener otra opinión que la que él le dicte: «Ese cigarro lo tiras porque tú no has fumado nunca... ¿Entendido?».

Antes de avanzar más en este epílogo, me parece fundamental que el lector vaya abriendo bien los ojos y tenga una idea aproximada de la personalidad del maltratador. ¿Quién es capaz de hablar así a su joven esposa, pegarla y golpearla sin piedad en lugar de cuidarla, protegerla y amarla? ¿Cómo es el perfil de cualquier maltratador? Lo ofrezco a continuación, con cierto detalle para que las posibles víctimas de malos tratos que lean este libro estén prevenidas:

—Inmadurez emocional y psíquica, prepotencia, «yo» inflado.

—Frustración, carencia o vacío de algo que no tiene o que le acompleja y que para él tiene gran importancia. Humillando a su víctima parece que se siente aliviado y que compensa en alguna medida esa carencia, deficiencia o complejo.

—Escasa o nula empatía, insensibilidad al dolor y al sufrimiento del otro (alexitimia), crueldad, saña.

—Dificultad para esperar resultados, para retardar gratificaciones. Todo lo quiere aquí y ahora, cuando a él le apetezca, y monta en cólera si la víctima no adivina sus pensamientos.

—Rasgos agresivos y muecas, gestos y «rictus» agresivos y psicóticos. Predominio del paleocórtex sobre el neocórtex, de lo visceral sobre lo racional. Personalidad reactiva.

—En su fuero interno considera a la mujer como un ser inferior y al servicio del hombre, aunque externamente y durante el período de conquista es el más galante y considerado con las mujeres.

—Algunos maltratadores piensan que la mujer necesita ser tratada con violencia y que hay que dominarla porque es peligrosa, caprichosa, emocionalmente incontrolable y hasta consideran que no hace sino ofrecerse a los hombres como objeto sexual. En consecuencia con todo esto, el hombre «debe atarla corta»: «¡Lo hago por tu bien, cariño!».

—Sentido de la propiedad de la víctima. Recuerdo a un maltratador que le decía a su esposa: «Aprende de mi caballo, que hasta me adivina el pensamiento». Por eso el maltratador «cosifica» a su víctima, a la que en realidad considera una cosa más de su propiedad, con pleno derecho sobre ella.

—«Amor» posesivo, captativo, lleno de constantes sospechas y con celos infundados.

—Conductas de sustitución porque muchos maltratadores desahogan en el hogar la agresividad reprimida en la calle, en el trabajo o con los amigos. Muchos maltratadores son «valientes» en casa con la esposa y los hijos y cobardes o muy comedidos en la calle, muy simpáticos y afables.

—Se delata fácilmente por su escaso o nulo control emocional, por su violencia verbal, actitudes y gestos amenazantes, miradas cargadas de odio y modales desafiantes y chulescos.

—«Reafirma» su personalidad ejerciendo violencia y dominio sobre quien considera débil y cuanto más temor infunde, más satisfacción interior experimenta, más se envalentona y más motivado se siente para seguir maltratando.

—Es muy hábil y sabe montárselo muy bien para «irse de rositas», y como casi siempre le sale gratis su innoble acción y no sufre las consecuencias de su delito, el maltratador campa por sus respetos.

—Niega siempre toda acción de malos tratos: «Jamás en mi vida le he pegado a una mujer y menos a la mía». Si alguien se atreve a recordarle haber presenciado sus malos tratos, montará en cólera y le llamará farsante o loco.

—Difícilmente soporta los éxitos de su víctima o que alguien la alabe o defienda. Intenta por todos los medios denigrarla y dejarla en ridículo y convierte a los amigos y defensores de su víctima en sus propios enemigos.

—En las contadas ocasiones en las que el maltratador pide perdón a su víctima, lo hace a solas, cuando no hay nadie. También hace lo posible por que el maltrato se lleve a cabo a solas, y sólo cuando no puede controlarse, maltrata también ante los hijos y vecinos.

—Nunca un maltratador, que yo conozca, pide perdón a su víctima con verdadero arrepentimiento (salvo cuando públicamente reconoce que es o ha sido un maltratador, como en el caso del domador Ángel Cristo). Cuando el maltratador pide a solas perdón a su víctima, sin arrepentimiento, su perturbada personalidad no persigue otra cosa que confundirla (a su víctima), aniquilarla como persona y hacerla sentirse culpable. Él volverá a las andadas horas más tarde.

—No hay maltratador que no recurra a las amenazas más graves, hirientes y paralizantes, incluso con la pistola en la sien, el cuchillo o las tijeras en la garganta o en el corazón y con frases tan traumatizantes como ésta: «Al fin te mataré e iré a la cárcel, pero lo haré con gusto porque tú irás derechita al cementerio. Al poco tiempo saldré por buena conducta mientras tú te pudres».

—Recordar que el alcoholismo está detrás de muchas conductas violentas y que hay maltratadores que a su vez han sido víctimas de malos tratos.

—¡Muy importante! Cualquiera puede ser un terrible maltratador, no importa la profesión, el nivel cultural o el cargo que ostente. Hay maltratadores médicos, abogados, psicólogos, profesores, militares, policías, políticos, periodistas y hasta religiosos...

Se equivocan de plano

—Se equivocan quienes piensan que el maltrato es un problema que atañe sólo a las familias desfavorecidas y con un nivel sociocultural bajo, porque es también frecuente en las acomodadas y cultas.

—Se equivocan quienes defienden que el maltrato debe tratarse exclusivamente en la intimidad de las familias y no salir de ese ámbito (que arda la casa pero no salga el humo). Esto es un grave error porque la privacidad y la intimidad son otras cosas. En el momento en que se descubre el maltrato, lo primero es hacer la pertinente denuncia y que tan execrable acción salga a la luz y el maltratador se sienta acusado y delatado sin tapujo alguno.

¿Qué sucede, por desgracia? Que hasta los mismos familiares como los abuelos, por miedo al qué dirán y por no causar «escándalo», justifican como pueden y hasta defienden a quien maltrata a su propia hija y a su nieta: «Pobre hombre, él no quería pegarle así a mi nieta, pero ella le provocó, tampoco la niña es una santa...».

—Se equivocan quienes defienden que se está exagerando el tema de los malos tratos y de la violencia doméstica porque se desconoce que el daño terrible físico, psíquico y moral que padece la víctima no se supera por completo en la vida.

—Se equivocan los desalmados y cretinos capaces de afirmar que «algo habrá hecho la mujer para que le peguen tanto», porque ningún comportamiento justifica la violencia y siempre hay modos alternativos de superar las diferencias y los conflictos.

—Se equivocan quienes llegan a justificar en alguna medida el maltrato al afirmar que antes se aguantaba más y que ahora se denuncia por cualquier cosa. Es cierto que el maltrato ha existido siempre y que, por desgracia, el maltratador ha hecho impunemente con su víctima lo que le ha venido en gana, pero ya va siendo hora de que esta lacra vergonzante y execrable desaparezca de nuestra sociedad.

—No tiene nombre que haya todavía personas capaces de decir que algunas mujeres maltratadas no denuncian su situación porque en el fondo se sienten a gusto con lo que les pasa. ¿No será que muchas mujeres no pueden denunciar por estar bajo los efectos de la «indefensión aprendida», porque permanecen en situación de pánico, se encuentran sin recursos personales o no disponen de apoyos sociales para hacerlo?

El perfil del maltratador que acabo de ofrecer puede darle al lector una idea de lo difícil que puede resultar a cualquier víctima de malos tratos no sólo denunciar, sino simplemente ir a pedir ayuda, porque su estado de pánico y de indefensión la tiene petrificada, en estado de *shock*.

En vías de recuperar la dignidad y las ganas de vivir

¿Cuál es el primer paso que debe dar cualquier víctima de malos tratos después de denunciarlo a la policía y recurrir a las asociaciones? Verbalizar su rabia y su dolor, gritar a los cuatro vientos y al detalle las vejaciones y humillaciones que viene soportando. A esto lo llamamos los psicólogos «catarsis», echar fuera, vomitar el mal padecido, el miedo, las lágrimas y el dolor del alma y del cuerpo.

Debo reconocer que el primero y principal terapeuta de Consuelo Alcalá ha sido el escritor Gaspar Sánchez Salas, al que felicito no sólo como escritor, sino como buen aprendiz de psicólogo porque ha sabido sacar del corazón de mi paciente buena parte de su dolor, de su rabia y de su miedo.

La necesaria «catarsis» se ha llevado a cabo en parte porque Consuelo ha estado verbalizando durante un mes, día a día, las humillaciones, los desprecios, las palizas y las palabras demoledoras que aniquilaron la autoestima de esta mujer cuando apenas era una adolescente, casi niña, de tan sólo dieciséis años, con frases tan gráficas y humillantes como ésta: «Yo, que estoy harto de matar toros de seiscientos kilos, Miuras, Pablos Romeros, Conde de la Corte, tú para mí no eres más que una mierda, porque con cincuenta kilos qué significas para mí». (La frasecita habla por sí misma del talante de su autor y daría para todo un libro.)

El calor humano, el tacto, la dulzura y la comprensión de Gaspar Sánchez Salas, a mi juicio, han sido decisivos. Sin él, la necesaria catarsis a que me vengo refiriendo hubiese sido mucho más costosa, dolorosa y difícil.

Debo insistir en algo crucial: no hay curación posible de los efectos devastadores de los malos tratos sin la denuncia clara, sin la verbalización detallada de todo el daño padecido y sin el alivio de la escucha amorosa, atenta y cálida de otras mentes y corazones que «abracen» y den seguridad a ese corazón maltrecho y malherido.

De la catarsis a la metacognición

Después de sacar fuera toda la rabia, la humillación y el dolor (que nunca se saca del todo) viene la necesaria «metacognición» o «conocimiento del propio conocimiento». Es la reflexión consciente y lo más serena posible sobre lo que se ha padecido.

El bloqueo mental y emocional en que ha vivido inmersa la víctima de los malos tratos tratando de aliviar y de ocultar las experiencias y recuerdos lacerantes que la han destruido como persona hay que romperlo. Eso lo consigue la metacognición mediante el recuerdo detallado de cada insulto, desprecio o paliza («pateo con los refuerzos metálicos de las botas»). Es verdad que la metacognición reaviva el dolor, pero también ayuda a poner las bases de la confianza en sí misma de la víctima.

Al principio es muy duro el ejercicio de la metacognición, pero si la persona maltratada se relaja y tranquiliza después de volver a revivir como en un primer plano todo el mal padecido y llama a las cosas por su nombre y es capaz también de dirigirse al propio maltratador por su nombre, llega un momento en que le llega a perder el miedo al propio miedo que la ha tenido petrificada.

Los especialistas que trabajamos a diario con personas que padecen o han padecido traumatismos emocionales sabemos muy bien que los sucesos más dolorosos dejan una marca profunda en el cerebro de la víctima de los malos tratos.

Un estudio del Departamento de Psiquiatría de la Universidad de Harvard ha permitido incluso ver a qué se parece esa marca profunda en el cerebro. Se pidió a pacientes que habían sufrido un traumatismo emocional simplemente que escucharan una descripción de lo que les había sucedido y durante este tiempo se registraron en escáner, por emisión de positrones, las reacciones de su cerebro. Todas estas personas padecían EEPT (estado de estrés postraumático). El escáner permitió visualizar las partes del cerebro que estaban activadas o desactivadas durante los minutos del terror recibido. La región de la amígdala, el núcleo reptiliano del miedo en el corazón del cerebro emocional aparecía claramente activada. El córtex visual también presentaba una intensa activación, como si estos pacientes mirasen una foto de la escena que revivían en lugar de escuchar simplemente el relato de los hechos. Además, las imágenes mostraban desactivación del área de Broca, que es la región del cerebro responsable del lenguaje. Por eso se explica neurológicamente que las personas que sufren estado de estrés postraumático (EEPT), como las víctimas de malos tratos, no tengan palabras para describir lo vivido y encuentren dificultad tanto para recordarlo y revivirlo como para verbalizarlo.

Estudios recientes demuestran que la mayoría de las mujeres sufren EEPT después de una agresión como violación, palizas, angustia e incapacidad de reacción después de muchos años. Estas cicatrices psíquicas son difíciles de curar. Las víctimas saben que todo pasó, que ya no corren peligro, pero no lo sienten, deberían sentirse bien porque ya pasó todo, pero se sienten mal.

Otro efecto demoledor de maltrato es la «indefensión aprendida» (Seligman, 1975) o la convicción por parte de un animal o de una persona de que ha perdido el control, de que nada de lo que pueda hacer reportará cambio alguno de ningún aspecto importante de su vida. Este estado de «desmoralización», que se observa en gatos, ratas, primates y seres humanos, se produce al convencerse de que no pueden hacer nada por cambiar una situación de indefensión («indefensión aprendida»). Se muestran incapaces de aprender una respuesta que pudiera, de hecho, controlar el resultado.

En conclusión, cualquier persona que haya sufrido malos tratos, aunque sólo sea de forma esporádica, pero sobre todo si los ha sufrido de manera continuada, estará afectada tanto por el estrés postraumático como por la indefensión aprendida. Los efectos de estas huellas emocionales dejan una marca imborrable en el cerebro límbico. Fue Le Doux quien demostró que las reacciones de miedo no pasan por el neocórtex y la huella se forma directamente en el cerebro emocional.

¿Está curada Consuelo Alcalá? ¿Podrá estarlo definitivamente ella o cualquier otra mujer maltratada? Las investigaciones llevadas a cabo hasta el momento nos dicen que la curación plena y total, hasta el punto de que desaparezca por completo todo rastro de temor, es prácticamente imposible.

Le Doux y otros científicos como el doctor Greg Quirk, que han trabajado sobre el reflejo del miedo, han descubierto que la huella en el cerebro emocional no desaparece jamás por completo.

Las ratas con las que experimentaron se comportaban «como si» no tuvieran miedo solamente mientras el córtex anterior bloqueaba activamente la respuesta automática del cerebro emocional, pero en cuanto se debilitaba el control del neocórtex, regresaba el miedo. ¡Qué bien saben esto por propia experiencia todas las mujeres maltratadas! Cuando menos se lo esperan vuelve el miedo, el sentimiento de indefensión, la rabia y el llanto.

Sé que Consuelo Alcalá lo ha pasado muy mal recordando las vejaciones, palizas e insultos y desprecios que ha callado durante años, pero no cabe la menor duda de que experimentará una notable mejoría por la catarsis realizada hasta hoy (y la que todavía le queda) y porque espera sentirse útil y valiosa en la medida en que su denuncia valiente pueda contribuir a que muchas otras víctimas de malos tratos que no se han atrevido a denunciar, lo hagan siguiendo su ejemplo, y a que las que ya lo han hecho se sientan reconfortadas, comprendidas y aliviadas en su dolor, aunque, por desgracia, nunca podrán estar plenamente curadas y liberadas, como ya se ha dicho.

¿Por qué acepté encantado escribir este epílogo?

—Porque ya es hora de que nos dejemos de paños calientes con los malos tratos y se hable con claridad, sin miedo a nada y a nadie y desde la seriedad científica.

—Porque siento una visceral repugnancia por cualquier tipo de maltrato y no entiendo que al día de hoy pueda haber alguien que justifique la violencia física o psíquica contra otro ser humano y mucho menos contra una persona a la que se ha prometido amor, protección y felicidad.

—Porque espero que este libro pueda despertar conciencias y no sólo busquen mi consejo y ayuda profesional o la de otros psicólogos las víctimas de los malos tratos, sino que los propios maltratadores tengan la hombría y sensatez de reconocer públicamente su denostable acción y decidan pedir ayuda y ponerse en manos de buenos y experimentados profesionales de la psicología. Por desgracia, hay pocos maltratadores, sobre todo entre los famosos, con la talla humana y la humildad de Ángel Cristo, que es un buen ejemplo a seguir.

—Porque mi paciente, Consuelo Alcalá, me lo pidió y se merece con creces todo lo que yo pueda hacer por ella y por todas las personas maltratadas, incluidos los hombres, que aunque no son tantos, también los hay soportando situaciones terribles.

Los malos tratos y el futuro que nos espera

No hace mucho daba yo una conferencia sobre este tema, y en el coloquio alguien me preguntó si había motivos para la esperanza de que los malos tratos fueran a menos y de que la violencia doméstica dentro de unos años quedara reducida a casos aislados. Respondí que, por desgracia, los malos tratos irían a más mientras desde todos los ámbitos se primen el lenguaje y las actitudes violentas y los niños desde la cuna apenas vean y escuchen modales amables y respetuosos, gestos de dulzura y comprensión, etcétera... En esto mucho tiene que ver también la televisión, en donde continuamente se nos muestran escenas que nutren las mentes y sensibilidad de millones de niños y adolescentes cuyos referentes no son, precisamente, ciertos «personajes» televisivos. La violencia verbal, las amenazas, los modales zafios y groseros y los maltratos psicológicos cotizan muy alto en las televisiones; tanto que en un solo programa bien armado de morbo, injurias y violencia, uno de estos personajes puede ganar más que cualquier honrado trabajador en todo un año de trabajo.

¿Quieren que la violencia doméstica vaya a menos y se premia a estos personajes por despellejarse y proferir las mayores atrocidades? Yo no lo entiendo.

Este circo televisivo al que asistimos todos, mayores y niños, cada día, en el que se jalea y paga con cantidades millonarias a quien es capaz de herir con más saña, crueldad y desprecio a un semejante, no creo que augure muchas esperanzas de futuro sobre la posible reducción del número de casos de malos tratos y de violencia doméstica física y psíquica.

Los modelos vivos de violencia, de desprecio y de acoso y derribo, en los que se dicen unos a otros las mayores atrocidades, no son el mejor referente en unos momentos en los que la televisión se ha convertido en «la gran educadora» de nuestra sociedad.

Hay que denunciar al maltratador y desenmascararle, pero también ofrecer la ayuda para que, si lo desea, pueda salir de ese estado, humanizarse y recuperarse como persona de bien. La mejor forma de reparar el daño causado es pedir perdón a la víctima y reconocer públicamente que se avergüenza de su mala acción y de su pasado violento.

Las televisiones, que tan solícitas se muestran para ofrecernos hechos violentos y personas violentas, podrían también estar atentas a mostrarnos los pocos ejemplos de maltratadores arrepentidos, famosos o no famosos. Contribuirían a reducir el número de casos de malos tratos, convirtiendo en protagonistas a los arrepentidos de corazón y poniéndolos como ejemplo a seguir.

Por encima de todo, el tema de los malos tratos depende de todos nosotros, de nuestra decidida y conjunta voluntad de erradicarlos de nuestra sociedad cueste lo que cueste, pero teniendo como base cara al futuro, y para erradicarlos de verdad, una educación en valores como el respeto al otro, las buenas maneras, la nobleza, la empatía, la delicadeza de trato, las expresiones afables, el autocontrol, la solidaridad y la bondad en el sentido de sentirse bien haciendo bien a los demás y de no querer para los demás lo que no queremos para nosotros mismos.

Espero y confío que la lectura de este breve y sencillo epílogo y sobre todo la lectura de este libro, escrito desde el dolor, ayude a restañar muchas heridas y a que los malos tratos desaparezcan de una vez por todas de nuestra sociedad.

BERNABÉ TIERNO JIMÉNEZ
Psicólogo-pedagogo y escritor